Erste Hilfe
im Garten
für intelligente Faule

Karl Ploberger

Erste Hilfe im Garten
für intelligente Faule

Die schnellen Tipps
sind die besten!

Tausende Tipps im Radio, mehr als einhundert Fernsehsendungen, an die tausend Vorträge und dazu noch Woche für Woche Kolumnen in mehreren Tageszeitungen. Und immer wieder Tipps und Ratschläge bei Problemen im Garten. Das alles war in den letzten dreißig Jahren aber keine Einbahnstraße – im Gegenteil. Viele Ratschläge habe ich von Gartlerinnen und Gartlern bekommen. Manche dieser Tipps waren so genial einfach, dass man gar nicht glauben kann, dass sie noch in keinem Gartenbuch stehen. Andere wiederum waren so außergewöhnlich, dass erst der Praxistest im eigenen Garten die Bestätigung brachte: Das funktioniert wirklich.

„Erste Hilfe im Garten für intelligente Faule" ist ein Nachschlagewerk für die schnelle Problemlösung. Das Wichtigste kurz und bündig erklärt, mit zahlreichen Bildern und Skizzen. Denn nur jene Tipps sind gut, die man rasch umsetzen kann – nur sie eignen sich „für intelligente Faule".

Mitgearbeitet haben bei diesem Buch viele: Zunächst einmal die Hunderte Gartenfreunde, die mir E-Mails, Briefe (oft seitenlange!) geschrieben oder im persönlichen Gespräch ihre Erfahrungen mit dem einen oder anderen Problem und dessen Lösung verraten haben. Dann die Experten – Gärtner, speziell Stauden- und Baumschulgärtner, sowie die Fachleute an den Schulen und botanischen Instituten in Österreich, Deutschland und England, die ebenfalls immer gern und bereitwillig mit ihren Informationen zur Stelle waren.

Und zuletzt, aber ganz besonders, „meine" Lektorin Veronika Schubert, die gemeinsam mit ihrer Kollegin Elke Papouschek aus all den Informationen wieder ein so tolles Buch zusammengestellt hat.

Ich wünsche Ihnen viel Freude beim Lesen, beim Garteln – und vor allem: viel Erfolg! Möge möglichst wenig „Erste Hilfe" in Ihrem Garten nötig sein.

Karl Ploberger
karl.ploberger@biogaertner.at

Inhalts- verzeichnis

So funktioniert's im Obstgarten................... 53

Nützlinge, Schädlinge und Krankheiten 67

Planung ist das halbe Gärtnerleben 91

Tipps für den Ziergarten 103

Internet, Tipps & Bezugsquellen......124

Stichwortverzeichnis 126

Impressum 128

Schnelle Lösungen
im Gartenalltag

Kaufen kann man alles – fast alles. Interessanter ist es aber, eine Lösung zu finden, die sich rasch verwirklichen lässt und die wenig bis gar nichts kostet. Wenn der Sperrmüllbehälter zur Fundgrube wird, wenn das Altstoffsammelzentrum das Material für Problemlösungen liefert, dann ist das ganz im Sinne der „intelligenten faulen" GärtnerInnen – die Geldtasche wird geschont und die Umwelt dazu.

Recyclingmaterial ist immer zur Hand

Hier finden Sie Tipps und Ideen für schnelle, einfache und kreative Lösungen im Gartenalltag, die ich im Lauf der Jahre bei meinen vielen Gartenbesuchen im In- und Ausland und beim Garteln sammeln konnte. Fehlt das eine oder andere Material, können Sie oft den Weg ins Gartencenter vermeiden – ein Blick in den Recyclingbehälter lohnt sich meistens und spart Zeit und Geld!

Etiketten aus Joghurtbechern oder Eisstielen

Vor allem beim Aussäen von Gemüse und Sommerblumen sind Etiketten eine große Hilfe: Wer weiß schon nach einigen Tagen noch alle Namen oder etwa auch, wie groß eine Pflanze wird? Keine Etiketten zur Hand? Alte, gereinigte Joghurtbecher liefern perfekte Schilder! Den Becher mit einer kräftigen Schere in 1,5 cm breite Streifen schneiden. Das Ende schräg abschneiden, und schon können an der weißen Innenseite mit einem wasserfesten Filzstift Name, Farbe, Wuchshöhe und Aussaattag vermerkt werden. Die Schilder halten zwar nicht so lange wie gekaufte – es reicht aber bis zum Auspflanzen im Frühjahr.

Hübsch und praktisch sind auch Holzstäbchen als Etiketten, und der nächste

Sommer kommt bestimmt. Ab nun wird kein Stiel des beliebten Schleckeises mehr entsorgt. Reinigen, trocknen und sammeln – Sie werden staunen, wie rasch Sie eine Menge beisammenhaben.

Pet-Flaschen als Minigewächshaus und Schneckenzaun

In erster Linie sind Plastikflaschen, in denen Mineralwasser und Softdrinks verkauft werden, eine Umweltbelastung und grundsätzlich zu meiden. Die eine oder andere Flasche verirrt sich aber doch immer wieder in den Haushalt und ist dann, ehe sie endgültig im Sammelbehälter landet, ein vielseitiger Helfer im Garten. Aus der glasklaren Variante kann im zeitigen Frühjahr ein Minigewächshaus werden. Verwenden Sie dazu den oberen Teil der Pet-Flasche (also dort, wo sich der

Schraubverschluss befindet) und stülpen Sie ihn vorsichtig über die jungen Pflänzchen. Bei starkem Sonnenschein müssen Sie die Flasche aber entfernen, sonst kommt es zu Verbrennungen.

Auch ein schneller Schneckenzaun lässt sich aus den Flaschen machen: Schneiden Sie ca. 10 cm breite Ringe aus der Flasche, schneiden Sie den oberen Rand wie ein Sägeblatt ein und biegen Sie ihn nach außen. Nun wird der Ring um die Pflanze gesteckt und hält gerade bei kleinen, zarten Pflänzchen die Schnecken sehr gut ab.

Pet-Flaschen-Gewächshaus

Kurios und sicherlich nicht jedermanns Sache ist ein Gewächshaus aus Petflaschen, das ich bei einer Blumenschau in England entdeckt habe: Aus Hunderten an Bambusstäben aufgefädelten Flaschen

Gereinigte Eisstiele lassen sich gut als Etiketten verwenden.

Kartoffelsack fürs Brennnesselkraut

Jauchen kann man im Biogarten immer brauchen. Damit das Ausbringen einfacher wird, empfehle ich Ihnen einen Trick:

Die Brennnesseln (ohne Blüten und Samen) in einen großen Kartoffelsack stopfen, wie man ihn in Gemüsehandlungen findet. Das aus Plastik gewobene Material ist haltbar und wasserfest. Den gefüllten Sack in eine Regentonne drücken – evtl. zu Beginn etwas beschweren – und dann warten, bis das Wasser zu schäumen beginnt. Hat sich der Schaum gelegt, wird der Sack entfernt, der Inhalt kommt auf den Kompost, und die Brennnessel-Jauche kann 1 : 10 verdünnt direkt zu den Wurzeln gegossen werden. Damit die ganze Sache nicht zu sehr stinkt, rührt man einige Handvoll Urgesteinsmehl ein.

Ob als Minigewächshaus oder als Schneckenzaun – Pet-Flaschen sind schnell zur Hand.

wurden Dach und Wände eines kleinen Tomatenhauses gefertigt. Ein einfacher Holzrahmen lieferte die Stabilität. Sicherlich nichts für die Ewigkeit, aber um einem kühlen Sommer ein Schnippchen zu schlagen eine einfache Lösung.

Flaschen als Beetbegrenzung

Nicht die Plastikflaschen, sondern Glasflaschen sind jetzt gefragt: Recyclingflaschen werden verkehrt herum als Beetbegrenzung etwa 15 cm tief eingegraben. Wer es besonders attraktiv will, kann die Etiketten mit einem Klarlack für einige Zeit haltbar machen: mit Bierflaschen zum Beispiel wird daraus ein „Hopfen-Beet" der besonderen Art.

Glasflaschen in den Boden versenkt, werden zur attraktiven Beeteinfassung.

Blechdosen als Töpfe

Man kennt diese kreativen Pflanzgefäße aus dem Süden: Olivenöldosen und -kannen, bei denen der obere Deckel weggeschnitten wurde, werden zu dekorativen Blumentöpfen. Gerade zu einer mediterranen Gartengestaltung und auf die sommerliche Terrasse passen solche Töpfe sehr gut. Damit die Pflanzen nicht ertrinken, muss man genügend Abflusslöcher bohren und eine Kiesschicht als Dränage einfüllen. Um lästige Rostränder zu vermeiden, stellen Sie die Töpfe am besten in Untersetzer oder decken die Unterkanten mit einem Kraftklebeband ab.

Eierkarton als Kinderstube

Die Idee ist nicht neu, aber immer noch gut: einen Eierkarton mit Aussaaterde füllen und darin Pflanzen vorziehen. Diese Methode eignet sich ideal für Bohnen, Gurken, Kürbisse und Zucchini. Sie wachsen sehr rasch, können nach zwei Wochen schon ausgepflanzt werden und sind dann keine so leichte Beute mehr für Schnecken.

Ein wirkungsvolles Objekt: die Vogelscheuche aus einem alten Rad und ausgedienten CDs.

WC-Kartonrollen als Anzuchttöpfe

Die Kartonrollen, die als Reste einer WC-Papierrolle bleiben, sind ebenfalls ideale Töpfe zum Vorziehen von Pflanzen. Geeignet sind sie für Erbsen, vor allem für Zuckererbsen, denn diese können erst bei etwas milderen Temperaturen direkt im Garten gesät werden. Vorgezogen bringen sie aber viel schneller eine Ernte.

CD-Rad als Vogelscheuche

Vögel sind zwar nützliche Insektenvertilger, naschen aber leider auch sehr gern von den Früchten des Gartens mit. Durch das Glitzern und Funkeln von CDs lassen sie sich wenigstens eine Zeit lang abschrecken. Bei den Obstbäumen werden die CDs in die Kronen gehängt; auf den Beeten übernimmt eine CD-Vogelscheue die Abschreckung. Sie lässt sich schnell aus einem alten Fahrrad basteln. Ein Rad wird ohne Gummireifen so an einem Holzstab montiert, dass es sich noch frei drehen lässt. An den Speichen befestigt man dann die alten CDs. Schon beim leichtesten Lüftchen funkeln die Scheiben und halten die Vögel ab. Die CDs sind sehr robust und können immer wieder verwendet werden.

und Pilzkrankheiten beim Teilen der Pflanzen vermeiden? Essig und Holzkohle finden sich in jedem Haushalt, und auch das eigene Bewässerungssystem ist schnell selbst hergestellt.

Docht bewässert automatisch

Folgende Erfindung ließ mich staunen: Orchideen im Topf werden mit drei Litern Wasser über lange Zeit versorgt – und das ganz ohne Staunässe! Wie soll das gehen?

Der Blumentopf der Orchidee schwebt dabei über dem dekorativen, wasserdichten Behälter. Durch die Abflusslöcher werden, je nach Größe der Pflanze, ein bis zwei Glasfaserdochte gezogen und um den Wurzelballen der Orchidee gewickelt. Das Wasser ist ganz leicht gedüngt, so wird die Pflanze nicht nur über Wochen mit Feuchtigkeit, sondern auch mit Nährstoffen versorgt.

Ich habe diese Bewässerungsmethode ausprobiert und der Erfolg zeigte sich umgehend. Aus einer zuerst schönen, aber eher mickrigen Orchidee wurde ein Prachtexemplar!

Übrigens: Die „Dochtbewässerung" funktioniert auch bei vielen anderen Pflanzen, wie dem Einblatt oder der Anthurie.

Gewusst wie – einfache, schnelle Lösungen für diverse Gartenprobleme kosten oft wenig oder gar kein Geld.

Gewusst wie: Es geht ganz einfach!

Haben Sie Probleme mit verkalkten Tontöpfen oder Rost am Werkzeug? Denken Sie an eine teure Schattierung für das Glashaus? Wollen Sie auf Nummer sicher gehen

Mit einem Docht aus Glasfaser entsteht die automatische Bewässerung für Ihre Orchidee.

Verkalkte Tontöpfe reinigen

Unschöne weiße Kalkränder auf Tontöpfen lassen sich einfach entfernen: Einen Kübel mit Wasser füllen, ein Tasse Essig dazugeben und den Tontopf einige Stunden einweichen. Der Kalk wird großteils verschwinden. Anschließend die Töpfe in klarem Wasser auswässern und trocknen lassen, ehe man sie verwendet. Töpfe in den Teich gelegt werden auch wieder sauber, denn das „saure" Teichwasser löst die Beläge. Diese Maßnahme dauert aber einige Wochen.

Kalk als Sonnenschutz

Gewächshäuser heizen sich im Sommer oft enorm auf – da hilft es nur, für Beschattung zu sorgen, solange die Sonne scheint. Während längerer Regenperioden benötigen die Pflanzen dann aber wieder Licht. Eine alte Gärtnermethode ist es, Kalk auf die Glasfenster zu streichen. Ist der Kalk trocken, dann wirkt er schattierend, wird er nass, lässt er das Licht durch. Nach heftigem Regen muss der Anstrich allerdings erneuert und im Herbst die Fenster dann gereinigt werden. Prüfen Sie bei Plexiglas aber unbedingt zuvor, ob der Kalk nicht die Oberfläche verätzt.

Desinfizieren mit Holzkohle

Ganz gewöhnliche Grillkohle ist für viele Gartenbereiche ein ideales Pilzbekämpfungsmittel: Der Staub kann zum Desinfizieren von größeren Schnittstellen verwendet werden, zum Beispiel beim Teilen von Dahlien, Afrikanischen Lilien (Agapanthus) oder auch Kartoffeln. Zerkleinerte Grillkohle wird ins Orchideensubstrat gemischt. Einzelne Stücke kann man ins Blumenwasser legen. Sie halten das Wasser für einige Zeit frei von Pilzerregern und verhindern damit auch den unangenehmen Geruch.

Tomaten als Rostentferner

Ist der Sommer einmal nicht so sonnig wie erhofft, bleiben viele Tomatenfrüchte grün. Einige kann man als Sauergemüse einlegen, zu viel darf man davon aber nicht essen, denn das in den Früchten enthaltene Solanin verursacht bei empfindlichen Menschen Magenbeschwerden.

Viel besser ist es dagegen, die Tomaten zu zerdrücken, in Stoffsäcke zu füllen und auf Roststellen von Gartengeräten zu legen. Über Nacht lässt die Fruchtsäure die Korrosion verschwinden. Kleinere verrostete Messer kann man in Gläser mit dem pürierten Tomatenmark legen. Auch so entfernen die grünen Tomaten den Rost, und der Gärtner hat kein schlechtes Gewissen, wenn er danach die Früchte auf den Kompost wirft.

Holzkohle hilft gegen Pilze – als Desinfektion auf Schnittstellen von Knollen oder gegen Erreger im Gießwasser.

Bäume pflanzen mit halber Arbeit

Große Bäume zu pflanzen ist oft mühsam. Es ist aber nur die halbe Arbeit, wenn man die ausgegrabene Erde auf einer dicken Folie (Teichfolie) oder einem alten stabilen Teppich zwischenlagert. Dort wird sie mit Kompost und Hornspänen gemischt. Nach dem Setzen des Baumes muss man dann nur die Folie anheben und die Erde ins Loch rutschen lassen.

Material direkt aus dem Garten

Kreativität ist immer gefragt – auch beim Garteln. Versuchen Sie doch bei Ihrem nächsten Streifzug durch den Garten die Dinge einmal ganz anders zu sehen. Was lässt sich nach dem Schnitt weiterverwenden? Können die Pflanzen einander vielleicht gegenseitig stützen? Muss der Bauschutt wirklich weg?

Dekorative Pflanzenstützen

Der Rückschnitt von Bäumen und Sträuchern gehört in einem Garten, der in die Jahre gekommen ist, zum alljährlichen herbstlichen Programm. Die großen Mengen an Gehölzschnitt sind aber nicht nur Häckselgut und Kompostmaterial, sondern auch Grundlage für so manche Gartenhilfe: Ob Bohnenstangen, Rankgerüst für Erbsen oder auch Pflanzenstützen für Pfingstrosen und Rittersporn – die Möglichkeiten sind vielfältig.

Besonders die Äste von Haselnuss und anderen Wildsträuchern lassen sich gut als Staudenstütze verwenden. Etwa 80 cm sollten sie lang sein, die Seitenäste werden auf etwa 15–20 cm eingekürzt und nur die untersten 30 cm entastet. So kann man die Hölzer schon im Frühjahr bei den Stauden aufstellen – die Pflanzen wachsen dann durch die Äste und bekommen dadurch Halt. Zudem sehen sie attraktiver aus als Stützen aus Plastik.

Tunnel aus Ästen

Die langen, eher dünnen Äste der Haselnusssträucher sind für einen Tunnel der besonderen Art ideal: Kürbisse, Kalebassen, aber auch Gurken erobern dieses Bauwerk auf Zeit im Nu. Die Stangen sollten um die 4–5 m lang und etwa 3–5 cm stark sein.

Ein mindestens 40 cm tiefes Loch wird ausgehoben und die Hölzer eingegraben. Das erfolgt alle 50 cm. Entweder man biegt sie gleich im Bogen oder man formt zunächst eine Hälfte und fügt einen etwas dünneren Ast als obere Bogenhälfte ein. Ideal zum Befestigen ist entweder Draht oder – noch einfacher – schwarze Kabelbinder. Zum Festigen des Gestells Querriegel einbauen und über die gesamte Länge jeweils einen Ast diagonal befestigen. Dann wird gepflanzt, und schon ist der Tunnel bewachsen.

„Baumruinen" als Rosenobelisk

Gerade in alten Gärten findet man sie oft: Obstbäume, die in die Jahre gekommen sind und kaum noch Früchte tragen. Dann sollte aber nicht die Motorsäge zum Einsatz kommen, sondern – nach englischem Vorbild – eine Ramblerrose in etwa 50–80 cm Entfernung an den Stamm des Baumes gepflanzt werden.

In den ersten Jahren werden die Triebe in die Baumkrone geleitet, später halten

Romantische Durchgänge zaubern Sie aus den Ästen der Haselnuss. Kürbisse oder Gurken sind schnelle Kletterer.

sich die Rosen, die ja Spreizklimmer sind, selbst. Zur Sicherheit sollten zu Beginn die vertrockneten Äste der Bäume herausgeschnitten werden. Bestens geeignet für das Klettern in Bäumen sind die Rosensorten 'Bobbie James', 'Kiftsgate' (besonders stark wachsend und nur für große Bäume), 'Pauls Himalayan Musk' oder auch 'Goldfinch'.

Baumstämme als Pilzbeet

Die frisch geschnittenen Stämme von Laubbäumen sind die ideale Basis, um Pilze im Garten zu kultivieren: In 3–5 cm tiefe Einschnitte oder Löcher wird die Pilzbrut abgelegt. Vorteilhaft ist es, bereits beimpftes Holz mit Folie abzudecken, um die Feuchtigkeit zu erhalten. Ist das Holz vom Myzel durchzogen, muss die Abdeckung entfernt werden. Geerntet werden nur die

Hüte, da die Stiele vor allem bei Hitze häufig holzig werden. Als Pilzkultur in Holzstämmen eignen sich Austernseitling und Kulturträuschling. An einer schattigen Stelle im Garten – geschützt vor Schnecken – liefern die Laubholzstämme oft mehrere Jahre lang immer wieder frische Pilze für die Küche.

Trockenmauer aus Dachziegeln

Was tun, wenn man Bauschuttreste nicht abtransportieren, aber auch nicht einfach liegen lassen will? So geschehen bei einem Freund, der aus der Not eine Tugend machte: Hunderte alte Tondachziegel wanderten nicht auf die Deponie, sondern bilden das Rückgrat für einen Gehölzwall. Aufgeschichtet in künstlerischer Linienführung und bepflanzt mit allerlei trockenheitslie-

benden Pflanzen wurde aus dem „Bauschutt" ein kleines Kunstwerk, das gleichzeitig auch vielen Nützlingen Unterschlupf bietet – eine Trockenmauer der besonderen Art.

Steinreich und dekorativ

In so manchem Garten sind die Böden stark mit Steinen durchzogen. Das ist im Prinzip kein Malheur und fördert auch in Maßen die Bodenstruktur. Doch was zu viel ist, ist zu viel! Und so wird wohl bei jedem Pflanzen, Bodenlockern oder Unkrautzupfen der eine oder andere größere Stein entfernt. Aber halt! Nicht entsorgen! Mit solchen runden Flusssteinen lassen sich sehr gut Wege pflastern, die sehr dekorativ aussehen und dennoch keinen Cent kosten.

Alte Dachziegel aus Ton dürfen nicht auf der Deponie landen! Sie eignen sich bestens für den Bau einer Trockenmauer.

Ideen für den Werkzeug-schuppen

Das richtige Werkzeug bringt im Garten eine große Arbeitserleichterung! Manchmal aber findet man es nicht, es geht kaputt oder erfüllt nicht optimal die Ansprüche. Oft sind es Kleinigkeiten, die das Leben erleichtern: Wie tief zum Beispiel soll der Spaten eigentlich beim Zwiebellegen in den Boden? Guter Rat ist auch hier nicht teuer!

Werkzeug als Scherenschnitt

Im Gartengeräteschuppen herrscht immer Ordnung, wenn man das Werkzeug an Schrauben und Haken an einer Wand aufhängt. Damit immer alles an seinem Platz ist, zeichnet man bei der Erstbestückung die Umrisse aller Werkzeuge – wie bei einem Scherenschnitt – nach. Beim Aufräumen ist es so leichter, den richtigen Platz zu finden.

Spaten mit Maßband

Damit man immer weiß wie tief man gerade gräbt, malt man mit einem Lackstift oder einem alten Nagellack ein Maßband auf das Spatenblatt. So sieht man die richtige Tiefe mit einem Blick – zum Beispiel beim Pflanzen von Blumenzwiebeln.

Schon probiert? Markieren Sie den Spaten, um die richtige Tiefe für Blumenzwiebel zu sehen.

Griffe mit Leuchtfarbe

Kleines Werkzeug geht oft im Garten verloren, besonders dann, wenn es nostalgische Geräte mit Holzstiel sind. Die Abhilfe ist schnell geschafft: Bringen Sie an mehreren Stellen ein Klebeband in Leuchtfarbe (Orange, Gelb) an, dann finden Sie die kleinen Schaufeln, Rechen (Harken) viel schneller wieder.

Vielseitiger Gartenschlauch

Der Drahtbügel eines Kübels ist bei schwerer Last oft unangenehm, denn er schneidet sich in die Hand regelrecht ein. Ein Stück von einem alten Schlauch bringt

Abhilfe: Den Schlauch der Länge nach aufschneiden, über den Metallbügel ziehen und mit wasserfestem Leim füllen. Der Schnitt sollte nach oben zeigen; so wird das Tragen eines Kübels – auch mit schwerer Last – ganz bequem.

Auch ein löchriger Gartenschlauch lässt sich noch weiterverwenden. Stechen Sie noch Löcher dazu und verwenden Sie ihn als Bewässerungsschlauch für die Beete.

Knickender Schlauch

Bei manchem Gartenschlauch gibt es immer wieder Stellen, die abknicken. Meist reicht es schon, diese Stelle mit einem Textilklebeband mehrmals zu umwickeln. Oder man schient die Knickstelle mit einem Kunststoffstück, wie es als Wildschutz bei jungen Bäumen angebracht wird.

Erste Hilfe für den Gartenschlauch mittels Knickschutz

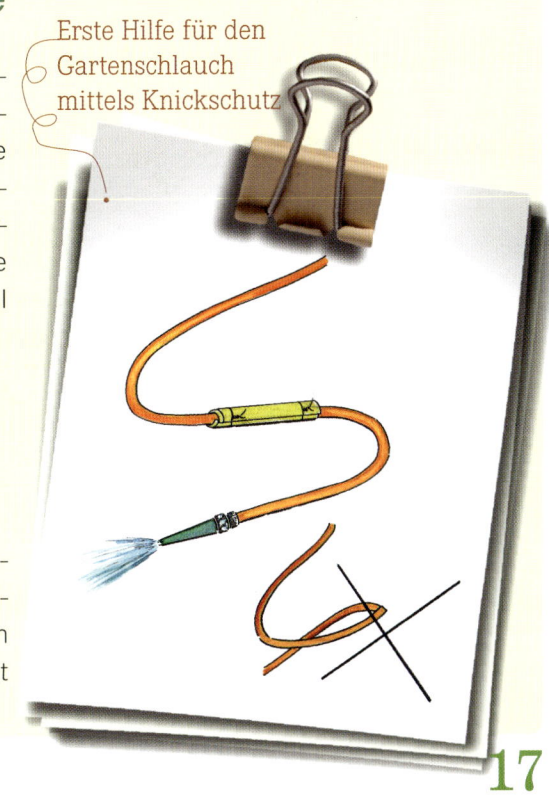

Perfekte Erde
und goldener Kompost

Sag mir, welche Pflanzen bei dir wachsen, und ich sag dir, welche Erde du hast. Es gibt sogenannte Zeigerpflanzen, die klar erkennen lassen, welche Erde man im Garten vorfindet. Ob sandig oder tonig, ob feucht oder trocken – das Allheilmittel zur Bodenverbesserung ist der Kompost, das Gold des Naturgärtners: Er lockert den Boden und sorgt für viel Leben.

Die Erde: Grundlage für das Garteln

Wer genau hinsieht, kann die unterschiedlichen Bodenverhältnisse auf einem Grundstück gut feststellen, denn die Pflanzen, die sich dort wild angesiedelt haben, lassen Rückschlüsse auf die Bodenart zu. Egal ob lehmig, tonig, sandig oder kalkhaltig, das Mittel für die Bodenverbesserung heißt Humus. Er strukturiert den Boden, versorgt ihn mit Nährstoffen und regt das Bodenleben an.

Humose, lockere Erde ist die beste Ausgangsbasis für gutes Wachstum.

Zeigerpflanzen für alle Bodenarten

Diese Pflanzen deuten auf bestimmte Bodenverhältnisse hin:

- **Stickstoffreicher Boden:**
  Große Brennnessel,
  Kletten-Labkraut, Vogelmiere
- **Stickstoffarmer Boden:**
  Mauerpfeffer, Wilde Möhre,
  Hundskamille
- **Saurer Boden:**
  Hundskamille,
  Kleiner Sauerampfer, Heidelbeere
- **Alkalischer Boden:**
  Leinkraut, Vogelmiere,
  Acker-Stiefmütterchen

- **Kalkhaltiger Boden:**
  Hahnenfuß, Kuhschelle,
  Acker-Rittersporn
- **Feuchter Boden:**
  Ampfer, Wiesen-Schaumkraut,
  Trollblume
- **Staunässe:**
  Acker-Schachtelhalm, Mädesüß,
  Huflattich
- **Sandboden:**
  Vogelmiere, Königskerze
- **Verdichteter Boden:**
  Breitwegerich, Kriechender
  Hahnenfuß, Gänsefingerkraut

Das Mädesüß *(Filipendula ulmaria)* weist auf nasse Bodenverhältnisse hin.

Erste und auch andauernde Hilfe bei sandigem Boden

Böden mit einem hohen Sandanteil haben Vorzüge, aber auch gravierende Nachteile. So sehr sich manche Gartenbesitzer einen durchlässigen Boden wünschen, reine Sandböden sind eine Katastrophe. Kaum gießt man, ist das Wasser auch schon wieder weg. Genauso bei den Nährstoffen – kaum gedüngt, hungern die Pflanzen auch schon wieder. Den Boden kann man nur langsam und langfristig verbessern:

- Konsequent Lehm und Kompost einarbeiten – und das Jahr für Jahr. Nur so baut sich eine Humusschicht auf, die haltbar ist. Ansonsten würde der Humus innerhalb kürzester Zeit ausgeschwemmt werden.
- Gute Dienste leistet auch Bentonit. Das Gesteinsmehl bindet Wasser und Nährstoffe und verhindert ein Ausschwemmen – ohne die Zugabe von Humus und Lehm ist es aber wirkungslos.

Lehmiger Boden – die beste Voraussetzung

Lehmige Böden sind die besten Böden – vor allem dann, wenn sie nach und nach mit Humus angereichert werden. Diese Erde speichert Wasser und Nährstoffe und gibt sie – bei sorgsamem Umgang – wieder ab.
Sorgsamer Umgang bedeutet:

- Im Frühjahr erst dann die Erde betreten, wenn sie abgetrocknet ist.
- Im Sommer den Boden niemals unbedeckt lassen.
- Nach starkem Regen oberflächlich immer wieder lockern, wenn kein Mulch aufgebracht wurde. Damit bleibt der Boden gut durchlüftet und voller Leben.

Toniger Boden – Erste Hilfe ein Leben lang!

Schwere Böden sind für Gärtner ein großes Problem. Sie sind kalt, staunass und das Wachstum lässt zu wünschen übrig. Tonige Böden sollten niemals mit schwerem Baugerät befahren werden, denn sie neigen zu extremen Verdichtungen, die sich dann jahrzehntelang nicht beseitigen lassen.
Die Maßnahmen zur Verbesserung toniger Böden sind:

- Den Boden mindestens zwei Spaten tief lockern und Sand und Humus einarbeiten.
- Jedes Jahr mit Kompost versorgen und im Gemüsegarten mindestens 5 bis 10 Jahre lang jährlich umgraben. Nur so bleibt die Erde locker und die Wurzeln bekommen Luft zum Wachsen.

Saurer Boden für Spezialisten

So sehr ihn sich manche wünschen – hat man einen sauren Boden, dann ist man auch unzufrieden: Rhododendren, Heidelbeeren, aber auch seltene Orchideen und

Erste-Hilfe-Maßnahme bei schweren, verdichteten Böden: Umstechen, Sand, Humus und Kompost einbringen.

die typischen Heidepflanzen gedeihen an solchen Standorten prächtig. Will man dagegen Rosen pflanzen, beginnen die Probleme.
Auch hier heißt die Devise:

- Den Boden langsam durch Gaben von Algenkalk, Kompost und natürlich kalkhaltigem Lehm verbessern. Dies vor allem dann, wenn es sich um einen torfig-sauren Boden handelt, wie er in Moorlandschaften vorkommt.
- Gärten in solchen oft naturgeschützten Gegenden sollten aber die ungeheure Vielfalt an Pflanzen für solche Böden nutzen und den Gemüsegarten in Form von Hochbeeten „künstlich" anlegen.

Kalkhaltiger Boden – meist gut geeignet

Böden mit Kalk sind die häufigsten in unseren Breiten. Sie gehören mit zu den fruchtbarsten Standorten, die es gibt. Allerdings ist – siehe „saure Böden" – das Pflanzen von Moorbeetpflanzen, wie Rhododendren oder Hortensien, nur bei einem Bodenaustausch möglich.

- Auch hier ist es die einfachste Lösung, die Verhältnisse zu akzeptieren und die Pflanzen, die sauren Boden brauchen, in eigene Hochbeete zu setzen.

Staunasser Boden durch Baugeräte

Wenn beim Hausbau wochenlang schweres Baugerät über den künftigen Gartenbereich fährt, kommt es zwangsläufig zu einer Bodenverdichtung und zu Staunässe. Wenn möglich, sollte man frühzeitig darauf achten und es verhindern.

Gönnen Sie dem Boden von Zeit zu Zeit eine Gründüngungskur, z. B. mit Ringelblumen *(Calendula officinalis)*.

Gründüngung – eine Kur für den Gartenboden

Sogenannte Gründüngungspflanzen sind die bequemen Helfer für „intelligente, faule" GärtnerInnen. Die Pflanzen lockern die Erde, düngen sie und versorgen sie mit viel organischem Material, sodass das Bodenleben wieder kräftig in Gang gesetzt wird.

So wird gesät

Abgeerntete Beete zunächst mit einer Grabgabel lockern. Ist der Boden humos, muss nicht umgestochen werden. Es reicht dann, die Gabel in die Erde zu stecken und am Griff zu rütteln – auf diese Art und Weise wird die ganze Fläche bearbeitet. Tonige Böden muss man aber unbedingt umstechen. Den fertig bearbeiteten Boden danach glatt rechen und die Bodendüngungssaaten ausbringen. Den Boden in den ersten Tagen gleichmäßig feucht halten, dann bildet sich rasch ein dichter Bewuchs und später auch ein Blütenteppich.

So wirken sie

Die Gründüngungspflanzen versorgen den Boden mit Humus, reichern Stickstoff an oder vertreiben Nematoden und andere Schädlinge. Im Winter frieren die Pflanzen ab und bilden eine schützende Decke. Die Erde ist dadurch gegen Erosion geschützt und erwärmt sich später, gegen Ende des Winters, viel rascher als unbedeckter Boden. Im Frühjahr wird das organische Material nicht entfernt, sondern nur etwas aufgerissen und oberflächlich leicht eingearbeitet. Im Anschluss können Sie sofort pflanzen oder säen und haben damit gleich für eine Mulchschicht gesorgt, die vor dem Austrocknen schützt.

Die besten Gründüngungspflanzen

- Gelbsenf: Diese Pflanze aus der Familie der Kreuzblütler ist eine sehr schnellwüchsige Pflanze. Ihr feines Wurzelgeflecht bildet einen guten Boden für nachfolgende Saaten. Allerdings heißt es aufpassen: Einige Krankheiten bei Kohlgewächsen (z. B. Kohlhernie) werden begünstigt. Deshalb ist es sicherer, den Gelbsenf nur als Untersaat bei Himbeeren, Brombeeren oder auf Baumscheiben zu verwenden.

- Ölrettich: Der Ölrettich ist die beste Pflanze, um schwere Böden zu lockern. Seine Wurzel reicht bis zu 80 cm in die Tiefe und lockert damit auch tonige Böden. Gerade bei Gartenneuanlagen hat sich diese Gründüngungspflanze besonders gut bewährt.

- Bienenfreund: Neben den positiven Eigenschaften für den Boden liefert die Phacelia mit ihren blauen Blüten nicht nur eine Augenweide, sondern auch Nahrung für die nützlichen und wichtigen Bienen.

- Lupine: Die einjährigen Lupinen-Sorten blühen gelb, weiß oder blau und sind, so wie alle Leguminosen, vor allem als Stickstoffsammler nützlich. Sie holen diesen wichtigsten Pflanzennährstoff aus der Luft und geben ihn dank spezieller Knöllchenbakterien an den Boden ab.

- Spinat: Das Gemüse mit doppeltem Nutzen: Spinat liefert nicht nur im Spätherbst die letzten und im zeitigen Frühjahr wieder die ersten Vitamine aus dem Garten, sondern hat auch eine sehr positive Wirkung auf das Bodenleben. Im Frühjahr werden die Spinatpflanzen abgeschnitten und bleiben als Mulch liegen.

- Ringelblume, Tagetes, Sommerwicke: Diese Pflanzen, die man meist vom Sommerblumenbeet kennt, wirken besonders gut gegen Nematoden. Allerdings sollte man (z. B. bei der Tagetes) eine mindestens dreimonatige Kulturdauer ermöglichen.

Nicht nur optisch eine Zierde – der Bienenfreund *(Phacelia tanacetifolia)* belebt den Boden und ist ein wichtige Bienenweide.

Kompostieren Sie schon? Guter Kompost ist die wichtigste Zutat für das naturnahe Garteln.

Kompostherstellung leicht gemacht

Aufgeschichtet werden die Gartenabfälle am besten in Walmform – wie ein Hügelbeet –, und zwar bunt gemischt: holziges wechselt mit grünem, feuchtes mit trockenem Material, Rasenschnitt wird immer wieder dazwischen dünn auf den Kompost gestreut. Hat man sehr viele holzige Abfälle, sollte man von Zeit zu Zeit Hornspäne einstreuen, das fördert die Verrottung. Auch Urgesteinsmehl als Hilfsstoff fördert die Umsetzung der organischen Abfälle in Humus. Die Verrottung geht relativ rasch.

Ideal ist es, zwei Komposthaufen anzulegen – einer wird in einem Jahr beschickt, der andere ruht und kann dabei mit Kürbis-

Kompost: „Erdfabrik" im Garten

Der Kompost ist das schwarze Gold des Biogärtners. Wer meint, „ganz faul" zu sein und keinen Komposthaufen anzulegen, der wird bald sehr fleißig sein müssen: Denn Pflanzen, die in ausgelaugten Böden stehen, werden von Krankheiten und Schädlingen heimgesucht und über kurz oder lang zu kümmern beginnen. Daher ist das wichtigste Geheimnis für naturgemäßes Gärtnern der Kompost.

Die richtige Mischung im Kompost garantiert eine optimale Verrottung.

Abfälle bunt gemischt: holzig - grün, feucht - trocken

Rasenschnitt in dünnen Schichten

sen bepflanzt werden. Im Jahr darauf ist der „Kürbiskompost" bereits fertig und wird im ganzen Garten verteilt. Dann kann hier bereits wieder ein neuer Kompost aufgeschichtet werden.

Das kommt auf den Kompost

Laub, Rasenschnitt und Rasensoden, abgeschnittene Blütenstauden, Stroh, Jätgut, Pflanzenabfälle, Äste, Reisig, alte Erde aus Blumentöpfen und Balkonkisterln, Schnittblumen, Gemüse und Obstreste (roh), Schalen von Zitrusfrüchten in kleinen Mengen, volle Kaffee- und Teefilter, kaputte Zimmerpflanzen. Auf keinen Fall aber gekochte Essensreste, Knochen oder gar Fleisch! Alle Lebensmittel, die schon auf dem Teller waren, sollten über den Restmüll entsorgt werden.

Mangelhafte Verrottung

Zu trocken! Ein heißer, regenarmer Sommer kann einem Komposthaufen stark zusetzen. Es kommt zwar dann zu keiner Geruchsbelästigung, aber das Material verrottet auch nicht – im Gegenteil, es kann „verbrennen". Sticht man in so einen zu trockenen Komposthaufen, sind Äste und Blätter mit einem weißen Pulver überzogen. Hier hilft nur regelmäßiges, ausgiebiges Gießen – mit etwa 30 Litern pro Quadratmeter, und das jede Woche einmal.

Geruchsproblem durch Fäulnis

Zu nass! Wenn das Kompostmaterial zu klein gehäckselt oder zu viel grünes Material anfällt und es darüber hinaus auch noch viel Regen gibt, dann kann es zu Geruchsproblemen kommen. Anstelle von Verrottung macht sich Fäulnis breit. Hier hilft: Kompost lockern, holziges Material einarbeiten und bei anhaltendem Schlechtwetter mit Holzbrettern, alten Teppichen oder Kompostvlies abdecken. Hat man eine schöne Walmform, dann kann schon frisch aufgebrachter Rasenschnitt wie ein Strohdach wirken und zu viel an Regen ablaufen lassen.

Nicht zu klein häckseln!

Beim Häckseln kann man sich unnötige Arbeit sparen. Ich lasse alle Äste bis Daumenstärke unzerkleinert, das bringt Luft in den Komposthaufen und beugt der Fäulnis wirkungsvoll vor.

Kompostgaben im Frühjahr und Herbst halten den Boden in Schwung.

Sind Kompostbehälter sinnvoll?

In kleinen Gärten ist das sicherlich der Fall. Die Kompostbereitung ist dabei aber ein wenig aufwendiger, denn man muss genau beachten, dass die Materialien immer gut gemischt werden. Ist der Anteil an Küchenabfällen zu groß, kann es zu Fäulnis, Pilzbefall und damit zu Geruchsproblemen kommen.

Bringen Kompostbeschleuniger einen Vorteil?

Bei Kompostbehältern tun sie das, denn sie liefern all jene Stoffe, die die Mikroorganismen benötigen, um aus den Abfällen Humus zu machen. Bei großen Kompostanlagen ist aber die bunte Mischung der Materialien und eventuell die Zugabe von Hornspänen völlig ausreichend.

Muss man Komposthaufen umsetzen?

Im Prinzip: nein! Wenn man das Material nicht zu klein häckselt, gut gemischt aufschichtet und dafür sorgt, dass der Komposthaufen nicht zu trocken und auch nicht zu nass ist, dann wird bei einer normalen Verrottung aus Kompost nach eineinhalb Jahren fertige Komposterde. Will man rascher ans Ziel kommen, kann man durch kleinteiligeres Häckseln und mindestens einmaliges Umschichten schon nach 8 bis 12 Monaten zu fertigem Kompost kommen. Aufwand und Mühe sind allerdings ungleich größer.

Wie erkennt man, dass die Komposterde fertig ist?

Nach spätestens eineinhalb Jahren kann man die Komposterde verwenden. Sie sollte von der Farbe her braun bis schwarz sein, darf keinesfalls stinken, sondern muss den Geruch einer frischen Walderde haben.

Zur Sicherheit können Sie den Kressetest durchführen: Geben Sie etwas Komposterde in einen Blumenuntersetzer und säen Sie darauf Küchenkresse. Die Saat leicht angießen und ein paar Tage warten – keimt die Kresse rasch und sind die Blätter kräftig grün, ist die Erde perfekt. Keimt sie spärlich, sind die Blätter gelb oder beginnen sogar zu faulen, dann müssen Sie noch zuwarten, ehe Sie den Kompost ausbringen. Diese Komposterde darf zwar nicht zu den Wurzeln der Pflanzen, man könnte damit aber im Herbst eine dünne Schicht auf Obstbaumscheiben ausstreuen.

Muss man die Komposterde sieben?

Verwendet man Komposterde zum Aufstreuen und leichten Einarbeiten im Gemüsegarten, auf den Blumenbeeten oder im Beerengarten, dann muss sie keinesfalls gesiebt werden. Stören die unverrotteten Pflanzenteile, dann kann man diese mit dem Rechen leicht entfernen. Verwendet man die abgelagerte Komposterde (2 bis 3 Jahre alt) als Zusatz zur Topf- und Blumenkisterlerde, ist das Sieben sinnvoll, weil man sich durch eventuelle Reste von Rosen oder Brombeeren Verletzungen zuziehen könnte.

Ein Kressetest lässt rasch erkennen, ob der Kompost reif ist.

Unkräuter: nur ein lästiges Übel?

Naturgärtner hören die Bezeichnung Unkraut nicht gern, sondern sprechen von Wildkraut oder Beikraut. Aber – ganz ehrlich – es gibt schon so manches Kräutlein, das uns GartlerInnen die Haare zu Berge stehen lässt.

Generell ist die Bodenpflege die wichtigste vorbeugende Maßnahme. Je lockerer die Erde ist, desto leichter können Unkräuter entfernt werden. Daher Kompost und Mulch als ersten Schritt gegen die lästigen Beikräuter verwenden.

Wurzelunkräuter – Giersch, Quecke etc. lassen sich durch die „Kartonmethode" am besten bekämpfen: Dicken Karton unter Bäumen und Sträuchern auflegen und mit Rindenmulch oder Grasschnitt abdecken. Das Unkraut erstickt, der Karton verrottet. Das funktioniert freilich nicht im Blumenbeet – dort muss immer noch händisch „gezupft" werden.

Hier stelle ich Ihnen die hartnäckigsten Unkräuter vor und möchte auch erklären, warum sie gerade an manchen Standorten besonders lästig werden und warum man manche dennoch wachsen lassen sollte.

Giersch

Der Giersch, der auch als Erdholler bezeichnet wird, zählt mit Sicherheit zu den unangenehmsten Unkräutern. Er breitet sich vor

Giersch (Erdholler)

allem im Schatten aus und ist auch eine Zeigerpflanze für schattige Standorte. Der Giersch (Aegopodium podagraria) wird aber auch im humosen, sonnigen Staudenbeet lästig, weil er sich durch unterirdische Ausläufer ausbreitet. Maßnahmen gegen den Giersch: Boden mit Kompost versorgen und gut mulchen (Rasenschnitt, Rindendekor und Holzfaser), damit wird er locker und die Wurzeln lassen sich leichter entfernen. Unter Sträuchern können Sie dicken Verpackungskarton auflegen und mit Rindendekor abdecken, darunter erstickt selbst der Giersch.

Schachtelhalm

Verdichtete, saure Böden mit Staunässe sind die Verhältnisse, die der praktisch unbekämpfbare Acker-Schachtelhalm (Equisetum arvense) mag. Mit seinen Ausläufern,

die bis zu 90 cm in die Tiefe gehen, ist er sogar gegen die härtesten chemischen Unkrautvernichtungsmittel resistent.

Das beste Motto für Betroffene: „Lerne den Schachtelhalm zu lieben!", denn im Biogarten macht man sich den Acker-Schachtelhalm auch zunutze: 1,5 kg frisches Kraut (300 g trockenes) auf 10 Liter Wasser 24 Stunden ansetzen, danach eine ¾ Stunde köcheln lassen. Abseihen und im Verhältnis 1 : 5 verdünnt über die Pflanzen sprühen. Das beste Pilzbekämpfungsmittel, wenn man es regelmäßig wiederholt!

Acker-Schachtelhalm

Zaunwinde

Es scheint verhext: Immer dort, wo sie nur unter großen Schwierigkeiten zu entfernen ist, da gedeiht die Zaunwinde *(Calystegia sepium)* bestens. Rosen gehören zu den bevorzugten Kletterobjekten. Die lästige Pflanze wächst auf praktisch allen Bodenarten, sie ist also keine typische Zeigerpflanze.

Auf humosen, lockeren Böden lassen sich die endlosen Wurzeln ganz gut entfernen. Hier hilft es ebenfalls, dicken Verpackungskarton aufzulegen, der die Pflanzen erstickt.

Vogelmiere

Prinzipiell können Sie sich durchaus freuen, wenn die Vogelmiere *(Stellaria media)* im Garten auftaucht, denn sie ist eine Zeigerpflanze für gesunden, humosen, lockeren Boden und tritt oft in Begleitung mit einer Kompostgabe auf. Man kann den „Hühnerdarm" oder „Heanadarm" – wie er landläufig genannt wird – auch zum „Fressen" gernhaben, denn er ergibt einen köstlichen Salat. Wer ihn doch loswerden will: Mit einer dünnen Mulchschicht lässt er sich eindämmen, er ist also ganz leicht zu bekämpfen.

Quecke, Weißwurz

Die Quecke gehört zu den lästigen Unkräutern, vor allem dann, wenn sie sich – trickreich – im Rasen ansiedelt und von dort die Beete erobert. Sie ist dann kaum zu bekämpfen. Maßnahmen: Regelmäßiges Jä-

ten sorgt für eine Wachstumsbremse. In Extremfällen kann auch der Karton als Mulch den Ausbreitungsdrang bremsen.

Horn-Sauerklee

In den letzten Jahren ist der rotblättrige Horn-Sauerklee *(Oxalis corniculata)* besonders lästig geworden. So hübsch die Pflanze auch ist, sie wird zur Plage, denn nach den kleinen, entzückenden gelben Blüten bilden sich Samenstände, die bei der geringsten Berührung aufspringen und ihre Saat in der ganzen Umgebung verteilen. Auf Wegen und freien Beetflächen Karton auflegen und mulchen – das bremst den Klee.

Kriechender Hahnenfuß

Der Kriechende Hahnenfuß ist eine typische Zeigerpflanze für einen verdichteten und staunassen Boden, der eher kalkhaltig ist. Die Pflanze hat einen gewaltigen Ausbreitungsdrang, lässt sich aber bei regelmäßiger Kompostgabe und der damit verbundenen lockeren Erde relativ leicht entfernen und in Schach halten. Mulchen hilft auch hier.

Hirse

Immer wieder macht sich in Rasenflächen, aber auch in Pflasterfugen und teilweise auch in Beeten die Hirse breit. Dieses einjährige Unkraut taucht erst auf, wenn die Bodentemperatur über 15–20 °C liegt.

Das händische Entfernen ist eine mühsame Angelegenheit.

Vernichtet werden kann das extrem robuste Kraut allerdings sonst nur mit chemischen Bekämpfungsmitteln. Biogärtner verzichten aber auf diese Methode.

Distel

Die Distel ist so anpassungsfähig, dass sie sowohl auf ganz trockenen, als auch auf sehr humosen Böden auftaucht. Wer die Pflanzen rechtzeitig vor der Blüte und Samenreife entfernt, kann das Problem relativ leicht in den Griff bekommen.

Brennnessel

Die Brennnessel kommt auf humosen, nährstoffreichen Böden vor und sollte eigentlich gar nicht in einer Unkrautliste auftauchen, so wertvoll ist diese Pflanze: In der Küche als Spinat, Salat oder Suppe; im Garten als Grundlage für die Kräuterjauche – die Brennnessel lässt sich vielfältig nutzen und sollte im Biogarten gern gesehen sein. Um ihren Ausbreitungsdrang doch etwas in Grenzen zu halten, sollte man zum Mulchen klein geschnittene, nicht samentragende Brennnesseln verwenden.

Unkraut aufessen!

Als alternative Bekämpfung können die Pflanzen fallweise auch verspeist werden, z. B. die Blätter des Erdhollers oder der Vogelmiere.

Zaunwinde

Horn-Sauerklee

Distel

Vogelmiere

Kriechender Hahnenfuß

Quecke, Weißwurz

Hirse

Brennnessel

Gelassenheit bei
Gemüse
und
Kräutern

Lange Jahre war es unmodern, Gemüse und Kräuter im Garten anzubauen, Gärten bestanden nur noch aus Ziergehölzen, Blumen und Rasen. Dann hat ein Umdenken eingesetzt, und heute ist es sogar „in", im Garten, auf dem Balkon und der Terrasse zu ernten. Im Gegensatz zu früheren Zeiten geht es dabei weniger um Selbstversorgung als um das Erlebnis des Anbauens, Wachsens und Erntens.

Nicht nur grün – bunte Bohnen machen jedes Gericht zum „Augenschmaus".

Bohnen & Erbsen: Keimung garantiert

Diese Hülsenfrüchte waren früher wenig beliebt – viele Menschen erinnerten sie an kriegsbedingt karge Mahlzeiten. Das hat sich aber heute völlig geändert, denkt man etwa an köstliche Zuckererbsen oder Käferbohnen. Sie alle lassen sich im Garten leicht kultivieren.

Erbsen zum Naschen und für die Küche

Erbsen sollte man möglichst früh im März in ein Beet säen, das nicht mit Stickstoff gedüngt wurde, denn der Schmetterlings-blütler Erbse erzeugt sich den wichtigsten Pflanzennährstoff selbst. Natürlich aber sollten die Beete im Herbst davor mit Kompost, Kali und Kalk versorgt werden.

Markerbsen sind die robustesten Erbsen. Je früher sie gesät werden, desto besser ist der Ertrag. Zuckererbsen muss man sehr früh ernten – am besten schon, wenn man die Erbsen erst ganz klein in der Schote spürt.

Bohnenkinder lieben Wärme

Bohnen lieben die Wärme und sind dann flott im Wachstum. Gesät werden sollte deshalb nie vor Ende Mai, noch besser erst Mitte Juni. Auch wenn in anderen Gärten die Bohnenstangen schon stehen – haben Sie Geduld, Ihre Bohnen werden die früh gesäten der Nachbarn überholen. Spät gesäte Pflanzen wachsen außerdem gesünder und liefern mehr Ertrag.

Bohnenernte

Fleiß beim Ernten der Bohnen wird belohnt. Das regelmäßige Abernten erhöht den Ertrag.

Käferbohne am Rosenbogen

Die vor allem in der Steiermark so beliebte Käferbohne passt nicht nur in den Nutz-, sondern auch in den Ziergarten. Als Feuerbohne ist sie mit ihren großen roten Blüten ein Blickpunkt im Garten und kann beispielsweise an einem Rosenbogen gezogen werden, und das Jahr für Jahr, denn Bohnen sind selbstverträglich. Wer besonders viele Blüten haben will, erntet bereits die grünen Schoten.

Nachgefragt

Warum sind die Blätter der Erbsen durchlöchert?

Der Erbsenwickler ist der Täter – und so beugen Sie vor: Das Erbsenbeet gleich nach der Aussaat mit einem Insektenschutznetz abdecken. Das Netz darf nicht direkt auf den Blättern aufliegen, sondern muss am Boden gut abschließen, d. h., es darf keinen Durchschlupf für die Tierchen geben. Und, ganz wichtig – alle befallenen Schoten vernichten.

Was ist die Ursache, wenn Bohnen nicht keimen?

Damit Bohnen besser und vor allem schneller keimen, sollte man die Samen in der Nacht in Wasser legen. Auch erkaltete Kräutertees sind dafür besonders gut geeignet.

Gurken: ohne Welke

Die Salatgurken aus dem Handel sind heute in Größe und Form uniform – manchmal mit köstlichem Geschmack, oft aber auch bloß wässrig. Daher lohnt sich der Anbau im eigenen Garten ganz besonders.

Die Wärmeliebenden

Gurken lieben eine feuchtwarme Umgebung, z. B. im Frühbeet, Mistbeetkasten, Gewächshaus. Trotz hoher Luftfeuchtigkeit sollte die Luft niemals „stehen", sondern immer zirkulieren.

An einem zu heißen Standort kann es zu Wachstumsproblemen kommen. Warmer Halbschatten ist ideal, im Freien zum Beispiel hinter einer Reihe Sonnenblumen, im Gewächshaus unter einem Schattiernetz.

Als Erde empfiehlt sich Kompost, Gartenerde und torffreie Bioerde. Außerdem sind diese stark nährstoffbedürftigen Gurkenpflanzen dankbar für Hornspäne oder andere organische Dünger.

Gute Ernten mit neuen Züchtungen

So interessant „alte" Sorten sind, viele benötigen einen speziellen Schnitt, damit sie wirklich Früchte bringen. Außerdem schmecken manche an den Enden bitter.

Empfehlenswert sind daher die vielen neuen Züchtungen mit rein weiblichen Blüten – d. h., jede Blüte bringt auch eine Frucht. Viele der neuen Sorten sind widerstandsfähig gegen Pilz- und andere Krankheiten.

Nachgefragt

Was ist der Grund, wenn Gurkenpflanzen plötzlich welken?

Bei der Gurkenkultur im Gewächshaus muss man die Erde spätestens nach zwei Jahren komplett austauschen, weil sich sonst die Gurkenwelke ausbreitet. Dagegen gibt es weder chemische noch biologische Mittel, sondern nur eine Maßnahme: einen neuen Standort wählen. Wer diese Probleme gar nicht erst bekommen möchte, nimmt auf den robusten und virusfesten Feigenblattkürbis „veredelte" Gurken.

Wichtig beim Setzen der veredelten Gurkenpflanzen: Nicht zu tief pflanzen, damit die veredelte Sorte keine Wurzeln treibt.

Warum schmecken Gurken manchmal bitter?

Unregelmäßiges Wässern verursacht bei Gurken oft bitter schmeckende Fruchtenden. Aber auch das Gießen mit zu kaltem Wasser kann dazu führen.

Keineswegs fad! Lassen Sie sich vom Geschmack frisch geernteter Gurken überraschen.

Knackige Karotten frisch aus dem Garten – so gut kann Gesundheit schmecken!

Karotten: erfolgreiche Aussaat

Tomaten und Karotten sind die meistverkauften Gemüsesorten. Karotten gedeihen in sandigen, aber humusreichen Böden am besten. Daher streut man vor dem Aussäen ca. 3 cm Quarzsand auf die Beete und arbeitet ihn ein. Damit die Erdflöhe die kleinen Pflänzchen nicht vernichten, ist es am besten, sehr zeitig zu säen oder sehr spät – also Anfang März oder Ende Mai.

Die Möhrenfliege fernhalten

Der Möhrenfliege beugt man durch Mischkultur von Karotten mit Zwiebeln vor. Man kann auch gleich nach dem Säen klein geschnittenen Schnittlauch auf die Reihen streuen, um sie fernzuhalten. Bei der neuen, schmackhaften Sorte 'Flyaway' gibt es kein Schädlingsproblem. Ihr fehlt jener „Duft", der die Fliegen anlockt.

Karotten bis in den Herbst

Lassen Sie die Karotten möglichst lange draußen im Beet. Wie alle Wurzelgemüsearten bilden sie in den letzten Herbsttagen besonders dicke Wurzeln. Nach der Ernte in Sand einschlagen und im kühlen Keller lagern – so kann man sich bis zum Frühjahr mit Karotten aus eigenem Anbau versorgen.

Aussaat vor dem Frost

Interessant ist bei Karotten die Wintersaat. Dabei wird im November gesät, kurz vor dem Dauerfrost. Die Samen liegen dann bis zum Frühjahr und keimen zum optimalen Zeitpunkt – so wie es die Natur immer vorgesehen hat.

Und für Experimentierfreudige: Die Karotten im Frühjahr neu pflanzen, sie treiben durch und bringen eine tolle Blüte. Selbst im Blumengarten lohnt sich dieser Versuch.

Nachgefragt

Meine Karottensamen keimen nicht, was kann ich tun?
Wählen Sie für die Karottenaussaat die „Marmeladeglas-Methode": Ein Gemisch aus Sand und Karottensamen wird ins Glas gefüllt, leicht angefeuchtet und mit dem Deckel versehen. Danach schüttelt man die Mischung und stellt sie für einige Tage an einen sehr warmen Platz im Haus, hier beginnen die Karottensamen rasch zu keimen. Das Sand-Samen-Gemisch kann nun ganz einfach in die Saatrillen gestreut werden.

Kann ich verhindern, dass die Karotten zu dicht stehen?
Damit Karotten schöne dicke Wurzeln bilden, benötigen die einzelnen Pflanzen Platz. Daher sollten Sie die ersten zarten Karotten herausziehen. Die zurückgebliebenen Löcher unbedingt mit Erde oder Sand verschließen, sonst nisten sich dort Schnecken ein.

Gesundes Naschen – Kohlrabi sind ein herrliches Gemüse zum zwischendurch Knabbern.

Kohl-gemüse: geschützt durch Netze

Kohl gehört zum traditionellsten Gemüse im Hausgarten. Freilich haben sich über die Jahre die bevorzugten Sorten geändert. Waren es früher vor allem die großen, lagerfähigen Krautköpfe, so sind heute die zarten Kohlrabi, der Brokkoli oder der Chinakohl gefragt.

Brokkoli

Mitte Juni ausgesät, sind die herrlichen Brokkoliköpfe im Herbst erntereif. Wenn Sie die Köpfe nicht ausreißen, sondern mit kurzem Strunk abschneiden, bilden sich neue, kleinere Sprosse, die später nochmals beerntet werden können.

Kohlrabi

Am besten man kauft sich vorgezogene Kohlrabipflanzen. Setzen Sie nicht zu früh im Jahr, denn der Kohlrabi mag stärkere Fröste nicht und wächst dann nicht mehr richtig.

Wie alle Kohlgewächse benötigen die Pflanzen gut gedüngte Böden – also sollten Kompost und Hornspäne eingearbeitet werden. Niemals frischen Mist verwenden, das lockt viele Schädlinge an. Ganz wichtig ist die gleichmäßige Wasserversorgung, da die Knollen sonst platzen.

Mulchen – immer sinnvoll

Das Mulchen mit Rasenschnitt oder auch klein geschnittenen Holunderblättern beugt Trockenschäden vor, und Holunder hilft gleichzeitig gegen Schädlinge.

Nachgefragt

Warum wird Kohlrabi holzig?

Manche Sorten sind anfällig dafür, besonders dann, wenn man sie nicht rechtzeitig erntet. Blauer Kohlrabi ist übrigens zarter als weißer, und runder ist zarter als länglicher. Eine besonders robuste Sorte, die riesengroße Knollen hervorbringt, ist 'Superschmelz' – und: diese Sorte wird niemals holzig.

Warum sind die Kohlblätter mit Löchern durchsiebt?

Die Raupen des Kohlweißlings waren die Täter. Sie schlüpfen aus den Eiern, die der Schmetterling auf den Blattunterseiten aller Kohlgewächse ablegt. Um den Kohlweißling abzuhalten, sind Gemüseschutznetze zu empfehlen, die sofort nach dem Anpflanzen auf die Beete kommen. Das dichte Gittergewebe wird auf Metall- oder Holzbögen über die Beete gelegt, das Netz darf die Blätter nicht berühren, sonst kann der Schmetterling trotzdem auf die Blätter gelangen.

Kräuter: bunt gemischt

Kräuter sind die Würze in jeder Mahlzeit; Kräuter sind aber auch die Würze in jedem Garten: Ob es die schlichten Blüten, die zarten Blätter oder die unbeschreiblichen Düfte sind, die uns dazu bringen, Kräuter in den Garten zu holen? Wahrscheinlich ist es ein wenig von allem, und so gehören seit einigen Jahren Kräuterkästen am Balkon oder der Terrasse, Beete voll der würzigen Pflanzen oder gleich ganze Kräutergärten zu den beliebtesten Bereichen von HobbygärtnerInnen.

Sie duften im Garten und später in der Küche – Kräuter sind oft der Einstieg in den Küchengarten.

Kräutergarten ist „out"?

Ja! Denn die Kräuter im ganzen Garten zu verteilen ist „in" und hat sich in Hausgärten auch bewährt. Damit entsteht nicht nur eine ideale Mischkultur, sondern es kommt auch die dekorative Wirkung der einzelnen Pflanzen zur Geltung.

Beim Auswählen der Kräuter sollten Sie aber dennoch auf die jeweiligen Standortansprüche Rücksicht nehmen. Kräuter, die einen trockenen Standort lieben, gehören also nicht in ein schattiges Beet, wo sie dann unter den anderen Pflanzen verkümmern. Pflanzen Sie wärmeliebende wie Thymian z.B. auf die Trockensteinmauer.

Wie wär's mit einem duftenden Rasen?

Eine nicht alltägliche Gartenidee ist die Verwendung von Englischer Kamille (nichtblühend) oder der etwas höheren, blühenden Römischen Rasenkamille (Anthemis nobilis) als Ersatz für ein kleines Stück Rasen.

Dieser Duftrasen verströmt bei starkem Sonnenschein oder auch bloß beim Betreten einen ausgezeichneten Duft. Der Boden sollte vor der Anlage aber gut vorbereitet werden. Ist er humusreich, leicht und sandig, dann wird die Kamille schon bald einen dichten Teppich bilden. Im Topf kann diese Kamille nur für ganz kurze Zeit gezogen werden, die Ausläufer wollen nämlich Wurzeln bilden. Gelingt ihnen das nicht, dann geht die Rasenkamille ein.

Schnittlauch braucht humose, nahrhafte Böden, der Standort sollte nicht zu heiß sein.

gut abgelagerter Pferdemist, der ins Pflanzloch gestreut wird, und Gerstenkörner – hier heißt es aber aufpassen, denn die Körner müssen tief eingegraben werden, sonst gibt's „Gerstenschnittlauch".

Schneiden Sie den Schnittlauch nie um mehr als 2/3 der Blätter zurück, die restlichen Blätter sind nötig, damit die Pflanze weiterwächst. Daher gilt: Nach dem 15. August sollten Sie vom Schnittlauch nichts mehr abschneiden, es sei denn, er ist ein „Opferstock", der bis zum Herbst beerntet und dann entsorgt wird.

Wichtig ist das Durchfrieren des Wurzelballens. In Gegenden mit starkem Winter muss man die Schnittlauchstöcke dazu nicht besonders behandeln. In milderen Gegenden werden sie ausgegraben, verkehrt herum auf die Erde gelegt und im Frühjahr wieder „richtig" gepflanzt. Und noch ein Tipp einer Bäuerin: den Schnittlauchstock ab und zu mit Sauerkrautbrühe gießen. Seit Generationen wird das so gemacht – der Erfolg lässt sich sehen!

Kriechender Zitronenthymian

Ein Duft, der seinesgleichen sucht! Dabei muss Thymian nicht unbedingt im Kräuterbeet wachsen, er gedeiht auch in den etwas breiteren Ritzen eines Plattenwegs und verströmt seinen typischen Geruch bei jedem Vorübergehen.

Der Schnittlauch – (k)ein Sorgenkind

Schnittlauch wuchert in vielen Gärten, in manchen kümmert er – obwohl er gehätschelt und verwöhnt wird. Offenbar nicht richtig: Der Schnittlauch steht gern im Halbschatten auf frischen Böden, die gut gedüngt sind.

So wird gepflanzt: Kompost, Hornspäne und zerstoßene Eierschalen ins Pflanzloch streuen, angießen und mit Kaffeesatz mulchen. Bewährt haben sich auch

Dill will es anders

So komisch es klingt, aber es hat sich schon oft bewahrheitet: Dill sucht sich gern selbst das Beet. Daher wird am besten so ausgesät: Stellen Sie sich mit dem Rücken zum Gemüsegarten und werfen Sie den Dillsamen über die Schulter in den Garten. Dort, wo er sich wohlfühlt, wird der Dill keimen. Danach können Sie jedes Jahr einige Pflanzen aussäen lassen und sparen sich die händische Zufallsaussaat.

Für den Rosmarin kann es nicht sonnig genug sein.

Rosmarin – Südländer mit Vorlieben

Das herrlich aromatische Kraut ist an den Küsten des Mittelmeerraums heimisch, immergrün, wärmebedürftig und frostempfindlich. Rosmarin benötigt deshalb einen sehr sonnigen Platz mit gut durchlässiger Erde. Das Substrat, in dem der Rosmarin in Gärtnereien gezogen wird, ist für eine dauerhafte Kultur nicht geeignet. Daher sollten Sie die Pflanze gleich nach dem Kauf aus dem Topf nehmen, möglichst viel (Torf-)Substrat entfernen und in ein Erdgemisch setzen, das aus einem Teil

Gartenerde, einem Teil Sand und einem Teil Splitt besteht. Falls reifer Kompost vorhanden ist, können Sie davon etwas untermischen. Als Dauerdünger verwenden Sie Hornspäne oder Biodünger. In den ersten Tagen nach dem Umpflanzen wird der Rosmarin geschützt aufgestellt, später kommt er in die volle Sonne. Im Winter sollten Sie ihn kühl, hell und eher trocken halten.

Nachgefragt

Meine Petersilie will nicht recht gedeihen, was stört sie?

Wenn Petersilie Jahr für Jahr nicht keimen und wachsen will, sollte man einmal die Frostsaat probieren: Im Frühwinter, gerade wenn der Boden noch nicht gefroren ist, wird der Samen in die Erde gebracht. Genau zum passenden Zeitpunkt im Frühjahr keimt dann die Petersilie – lange bevor die Erdflöhe oder die Schnecken kommen. Außerdem empfiehlt es sich, Petersilie jedes Jahr an einen anderen Platz zu setzen.

Um Vergiftung zu vermeiden, ziehe ich Bärlauch selbst – jetzt aber verbreitet er sich im ganzen Garten!

So köstlich der Waldknoblauch auch ist, im Garten kann er ziemlich lästig werden. Und das ist die beste Methode, um die Bärlauchkultur im Zaum zu halten: Pflücken Sie die Blüten ab, ehe sie die Samen ausstreuen. Aber nicht auf den Kompost geben, denn wer weiß, was der Waldlauch dort noch aussheckt!

Setzen Sie Petersilie jedes Jahr an einen anderen Platz, das beugt Krankheiten und Schädlingen vor.

Winterfester Rosmarin? Das kommt auf den Winter an!

Seit einigen Jahren wird „winterfester" Rosmarin angeboten: 'Arp' oder 'Veitshöchheim', sind solche Sorten. In klimatisch milden Gegenden mag diese Überwinterung gelingen, in rauen Lagen dagegen kaum. Bei mir in Seewalchen etwa hat noch keiner überlebt!

Vitamine herrlich verpackt – da greift man gern zum gesunden Gemüse!

Paprika: warme Kinderstube

Paprika lassen sich gut im Topf kultivieren und eignen sich somit auch bestens als Balkongemüse. Ein großes Balkonkisterl und ein sehr sonniger Standort – und schon steht der Ernte in luftiger Höhe nichts mehr im Weg!

Überwintern möglich

Ob als milder Paprika oder als scharf würziger Chili – sie alle gehören in die Gruppe der *Capsicum annuum*. Die Bezeichnung „annuum" (einjährig) lässt vermuten, dass der Paprika nur einjährig ist, dem ist aber nicht so. Gerade die „hottesten" unter den Paprika lassen sich gut überwintern und liefern dann noch schneller Früchte.

Wärme bei der Anzucht

Misserfolge beim Anbau von Paprika sind meist auf viel zu geringe Wärme bei der Aussaat zurückzuführen. Damit die Samen keimen, sollte die Temperatur etwa zwei Wochen lang bei 25–30 °C (!) liegen, danach immerhin noch bei 20–25 °C. Erst wenn die Pflänzchen in Töpfe vereinzelt werden, kann man sie abhärten und kühler stellen – Wärme benötigen sie aber dennoch.

Saurer Boden bevorzugt

Zu viel Kalk im Boden mögen Paprika und Chili ganz und gar nicht. Ihre Blätter färben sich dann gelb, und Wachstum und Fruchtansatz lassen nach. Arbeiten Sie deshalb Rindenhumus in die Erde ein oder verwenden Sie als Pflanzerde Rhododendronsubstrat vermischt mit Kompost. Gerade der Kompost liefert noch etwas Wichtiges: Kalium – das fördert die Fruchtreife.

Nachgefragt

Warum tragen die Pflanzen im Gewächshaus keine Früchte?
Wenn die Paprikapflanzen herrlich wachsen, aber keine Früchte tragen, ist ihnen zu heiß. So sehr sie die Wärme lieben, Temperaturen über 30 °C, wie sie häufig in Kleingewächshäusern vorkommen, mögen sie nicht. Die Blüten werden nicht befruchtet und fallen ab, Früchte bleiben aus.

Besser ist es, den Paprika geschützt vor dem Gewächshaus oder einer südseitigen Hauswand im Freien zu pflanzen, dort behagt es ihm. Bewährt hat sich auch das Auspflanzen in einem Frühbeet. Zu Beginn sind die Pflanzen dann noch geschützt, später entfernt man Folie oder Fenster.

Radieschen brauchen gleichmäßige Feuchtigkeit – dann werden die Knollen perfekt.

Nachgefragt

Welches Tier verursacht durchlöcherte Radieschenblätter?

Erdflöhe – sie treten immer dann auf, wenn der Boden nicht gemulcht und sehr trocken ist. Daher: Sofort nach der Aussaat die Erde mit einer Mulchschicht bedecken. Wenn im zeitigen Frühjahr noch kein frisches Material vorhanden ist, kann man Holzfaser dafür verwenden. Die Erde immer feucht halten.

Was ist passiert, wenn die Radieschen keine Knollen ausbilden?

Oft wird beim Saatgut nicht darauf geachtet, ob es sich um Frühjahrs-, Sommer- oder Herbstradieschen handelt. Sät man beispielsweise Frühjahrssaatgut im Sommer aus, dann wachsen die Pflanzen aus und es bilden sich keine Knollen. Daher immer die vorgeschlagenen Saattermine auf den Samenpackungen berücksichtigen. Radieschen benötigen zwar eine gute Nährstoffversorgung, das Beet sollte aber niemals mit frischem Mist gedüngt werden. Die Gefahr von Pilz- und Schädlingsbefall ist dann besonders groß.

Radieschen: zwischen Kresse

Für viele ist dieses Gemüse der erste Frühlingsgruß: Die roten Knollen gelten als ganz einfach zu ziehende Pflanzen. Nach nur einer Woche keimen die Samen, schon nach vier Wochen wird geerntet.

Ganz wichtig ist die ausgewogene und nicht zu geringe Nährstoffversorgung. Deshalb werden die Beete am besten mit reifem Kompost und rasch wirksamen organischen Düngern versorgt. Nur wenn die Pflanzen gleichmäßig feucht gehalten werden, können sich die Knollen perfekt entwickeln, ansonsten platzen sie. Bewährt hat sich deshalb das Aufbringen einer Mulchschicht. Sie reduziert die Verdunstung und hält den Boden gleichmäßig feucht.

Kresse als Mulchsaat

Küchenkresse gilt als guter Partner in der Mischkultur. Deshalb hat es sich auch bewährt, die Beete anstelle mit Rasenschnitt zu bedecken mit Kresse zu bebauen. Damit hat man gleich einen doppelten Nutzen: gesund wachsende Radieschen und eine Bodendecke, die man auch in der Küche verwenden kann. Wird die Kresse zu hoch, einfach abschneiden und als Mulch liegen lassen.

Salate: Vielfalt pflücken

Am besten schmeckt Salat aus dem eigenen Garten, da sind sich wohl alle einig. Und das Schönste an diesem Gemüse – es lässt sich beinahe das ganze Jahr über ziehen. Nicht nur im Garten, sondern auch im Topf oder Kisterl am Balkon.

Vogerlsalat

Landläufig auch Feldsalat genannt, ist der Vogerlsalat als pflegeleichtes Blattgemüse weit verbreitet. Ihm genügt ein mäßig nährstoffreicher und trockener Boden am sonnigen Standort. Besonders gut gedeiht er auf kalkhaltigem und sandigem Lehmboden. Häufig wird Vogerlsalat als Nachkultur im Gemüsebeet herangezogen und auch im Frühbeet oder Balkonkasten kultiviert.

So wird gesät

In der Regel wird der Vogerlsalat im Spätsommer, Mitte August bis Mitte September, ausgesät. Da er Temperaturen bis −15 °C problemlos verträgt, ist aber auch eine Aussaat im Herbst oder Winter möglich. Die Samen sollen in der Erde nicht tiefer als 1–2 cm liegen.

Ernte mit der Schere

Nach etwa zehn bis zwölf Wochen beginnt die Ernte – nicht bloß einmal, sondern mehrmals, wenn man es richtig macht. Schneiden Sie nicht zu tief, denn so fördern Sie das Nachwachsen des Salats und können von Oktober bis in den April hinein ernten. Damit nicht zu viel Nitrate in den Blättern sind, am besten bei Sonnenschein zu Mittag ernten. In der Früh sind die Nitratkonzentrationen am höchsten.

Schnitt- und Pflücksalat

Für den Hausgarten sind Schnitt- oder Pflücksalate ideal, denn man kann relativ rasch ernten und wird nicht von einer zu großen Menge an fertigen Salatköpfen „überrollt". Je nach Sorte sind die Blätter des Pflücksalats hellgrün bis rotbraun und haben gezackte, glattrandige, gewellte oder eichenlaubähnliche Blätter. Der rote Eichblattsalat, der 'Lollo rosso' oder auch der 'Lollo bionda' sind bei uns die bekanntesten Sorten.

Pflücksalat aussäen oder pflanzen?

Pflücksalate lassen sich am einfachsten durch Aussaat anbauen. Dazu ziehen Sie mit einem Holz eine Saatrille und streuen die Samen dünn ein. Bequem sind Saatbänder, die nur ausgelegt werden müssen, die Samen liegen darin schon im richtigen Abstand. Wer rascher ernten will, kauft die vorgezogenen Pflänzchen.

Bei den verschiedenen Salaten haben Sie die Wahl – nach Bedarf pflücken oder Freunde und Nachbarn mit ganzen Salatköpfen versorgen.

Salat nicht zu tief pflanzen! Es reicht sogar, wenn der Wurzelballen zur Hälfte in die Erde kommt.

Pflücksalat nicht zu tief pflanzen

Profigemüsegärtner drücken den Wurzelballen sogar nur zur Hälfte in die Erde. Damit bleiben die untersten Blätter lange Zeit ohne Erdkontakt, und Fäulnis wird vermieden.

So wird Pflücksalat gesät

Pflücksalat wird ähnlich wie der Kopfsalat angebaut. Bereits Ende Februar kann eine Aussaat im Frühbeet vorgenommen werden – ab Anfang April ist auch eine Direktsaat im Freiland möglich, wobei Vlies- oder Folienabdeckung empfohlen wird. Generell kann der Salat auch vorkultiviert und direkt als Jungpflanze gesetzt werden, ein Erntevorsprung ist jedoch bei ohnehin zunehmenden Temperaturen dabei nicht mehr zu erwarten.

Der „ewige" Salat

Die Ernte von Schnittsalaten erfolgt bereits sechs bis sieben Wochen nach der Aussaat.

Erntet man geschickt und lässt die Herzblätter stehen, so können neue Blätter nachwachsen und eine mehrfache Ernte ist möglich. Ansonsten sorgen Nachsaaten im Abstand von drei bis vier Wochen für entsprechenden Nachschub.

Abschied mit Endivie

Die Endivie ist ein Spätsommersalat mit hohem Mineralstoff- und Vitamingehalt. Sie benötigt einen humusreichen und mittelstark nährstoffhaltigen Boden an einem sonnigen Standort. Wenn man Endivien direkt ins Freiland säen möchte, sollte man bis Mitte Juni warten. Die Ernte kann dann bis in den November hinein erfolgen. Leichter Frost wird gut vertragen und vermindert die Qualität nicht.

Endiviensalat kann bis in den Winter hinein geerntet werden, er verträgt sogar leichten Frost.

Kopfsalat

Am bekanntesten und besonders beliebt ist der Kopfsalat. Aber Achtung: Sät man Frühjahrs- oder Herbstsorten im Sommer wachsen keine festen Salatköpfe, sondern hohe Salat-„Türme", die zu blühen beginnen.

Erster Salat zu Ostern

„Zu Ostern wird der erste Salat geerntet!" Dieses ehrgeizige Vorhaben lässt sich verwirklichen, wenn man den Kopfsalat bereits im Februar in einem Frühbeet auspflanzt. Es sollte aber trotzdem Gartenvlies zum Schutz vor Kälte eingesetzt werden.

Nachbarn sind willkommen!

Als unmittelbare Nachbarn der Endivie eignen sich Lauch, Fenchel, Kohl oder auch Stangenbohnen. Um Bodenmüdigkeit und Pilzerkrankungen zu vermeiden, sollten Sie Endivien erst nach frühestens drei Jahren wieder an denselben Standort setzen. Besonders robuste und zum Teil selbstbleichende Sorten sind 'Bubikopf', 'Diva' und die späte Sorte 'Escorial'.

Nachgefragt

Warum beginnt Salat im Inneren zu faulen?

Wie bei allen Salatpflanzen gilt: Niemals zu tief setzen! Der Wurzelballen sollte nur zu Hälfte in die Erde. Außerdem: Düngen Sie vor der Pflanzung nicht mit Stickstoffdüngern – Kompost und Hornspäne reichen völlig. Sobald die Blätterrosetten ausgebildet sind, kann das Gießen reduziert werden, um so auch einer möglichen Fäulnis entgegenzuwirken.

Der Vogerlsalat hat Mehltau – was tun?

Befallene Pflanzen immer entsorgen, sie dürfen nicht gegessen werden.

Am besten können Sie mit folgenden Maßnahmen dem Mehltau vorbeugen:
- Im Frühbeet immer gut lüften und nicht zu viel gießen.
- Generell nicht zu warm halten.
- Mehltauresistente Sorten wählen (z. B. 'Elan', 'Gala' und 'Vit').

Kann man Salat ins Hochbeet setzen?

Im Prinzip natürlich ja – die Frage stellt sich hier wahrscheinlich vor allem wegen der hohen Nährstoffkonzentration und der damit verbundenen Nitratbelastung. Eine Möglichkeit ist, dass man an den Stellen, an denen man den Salat pflanzt, mit ungedüngter, nährstoffärmerer Gartenerde auffüllt. Außerdem sollte man den Salat immer erst am frühen Nachmittag und an sonnigen Tagen ernten, denn dann wurde durch die Sonnenstrahlung ein Großteil des Nitrats, das vor allem über Nacht in den Blättern eingelagert wird, abgebaut.

Da kommt der Handel nicht mit.
Diese Tomatenvielfalt ist nur im Garten möglich!

Tomaten: vor Regen schützen

Sie gehören zu den beliebtesten Gemüsearten der Mitteleuropäer. Die „Liebesfrucht" der Azteken, der „Paradiesapfel" oder, auf gut ostösterreichisch, der „Paradeiser", liebt die Wärme.

Der sonnigste Platz im Garten oder auf der Terrasse ist der beste. Die Pflanzen sollten immer vor Regen geschützt werden, da die in den letzten Jahren so aggressiv gewordenen Erreger der Kraut- und Braunfäule sie sonst innerhalb von wenigen Tagen vernichten. Notfalls pflanzt man die Tomaten in großen Töpfen, damit sie geschützt stehen können. Ob man sie selbst aus Samen zieht – was die Spannung und Freude auf die erste Frucht noch vergrößert – oder als fertige Jungpflanze kauft, bleibt jedem überlassen.

Aussaat auf der Fensterbank

Ab Anfang März kann man Tomaten auf der Fensterbank aussäen. Der Platz sollte warm und sehr hell sein. Sind die Fensterbänke kalt, dann Styropor unter die Saatschalen legen. Zum Aussäen spezielle Erde verwenden, und sobald die Pflänzchen die ersten richtigen Blätter entwickeln, in kleine Töpfe setzen.

Tipps zur Kultur

Schon im April kann man die Töpfe an sonnigen, milden Tagen zum Abhärten ins Freie stellen, aber nicht sofort in die direkte Sonne, damit sie keinen Sonnenbrand bekommen. Am Abend die Pflanzen unbedingt wieder ins Haus holen. „Verkühlte" Tomaten bleiben lange Zeit mickrig und wollen nicht mehr recht wachsen.

Magermilch im Verhältnis 1 : 1 mit Wasser verdünnt hat eine stärkende Wirkung auf Tomatenpflanzen.

Reste vom Fisch beim Pflanzen der Tomaten direkt zu den Wurzeln eingraben. Die Gräten, Fischköpfe und Innereien sind ein guter Dünger.

Tomatenpflänzchen nicht zu früh hinaussetzen, denn Kälteschäden führen zu schlechtem Wachstum und mickrigen Pflanzen.

Tomaten ausgeizen

Das Ausgeizen der Tomaten ist unbedingt notwendig! Würde man es nicht machen, hätte man nach wenigen Wochen eine undurchdringliche Wand aus Tomatenblättern, die im beengten Raum und der stickigen Luft noch dazu rasch krank werden. Es gilt also, die Seitentriebe laufend zu entfernen, indem man sie direkt über einem Blatt ausreißt. Sind die Triebe schon zu groß geworden, kann man sie auch abschneiden.

Veredelte Tomaten

Auf speziellen und sehr wuchskräftigen Wildtomaten werden Edeltomaten aufgepfropft. Sie wachsen besonders stark und können daher mit zwei bis vier Trieben gezogen werden. Cocktailtomaten bringen so eine gewaltige Ernte. Auf die Gesundheit der Pflanzen hat die Veredelung keinen Einfluss.

Heizung für Tomaten

Das hilft den wärmeliebenden Tomaten durch kühle Nächte: Große dunkle Plastikflaschen werden mit Wasser gefüllt, verschraubt und rund um die Pflanzen in die Erde gesteckt. Sie speichern tagsüber die Wärme und wirken dann in der Nacht wie eine Heizung.

Das Ausgeizen der Seitentriebe ist nötig, um den Pflanzen „Luft" zu verschaffen und das Ausreifen der Früchte zu fördern.

Nachgefragt

Wann rollen Tomaten die Blätter ein?

Ein Problem, das häufig beobachtet wird: Kräftig grüne und vollkommen gesunde Tomatenpflanzen rollen plötzlich die Blätter ein. Dafür kann es zwei Ursache geben: Man hat zu viel mit Stickstoff gedüngt oder die Pflanzen wurden mit sehr kaltem Leitungswasser gegossen.

Warum werden die selbst gezogenen Tomatensämlinge so lang?

Ein kleiner Trick macht diese „vergeilten" Pflänzchen, wie sie der Gärtner nennt, wieder kurz: Tomatensämling aus der Erde nehmen, 2- bis 3-mal um den Finger wickeln und dann so pflanzen, dass nur die obersten Blätter aus der Erde schauen. Der zusammengerollte Trieb bekommt gleich neue Wurzeln und die Pflanze wird kräftig weiterwachsen.

Blüten, aber keine Früchte – was ist der Grund?

Das kann mehrere Ursachen haben – die häufigste: Die Pflanzen stehen zu heiß, ihre Blüten können nicht befruchtet wer-den – vor allem in Kleingewächshäusern passiert das. Man sollte daher solche Kulturen am Morgen und am Abend „schütteln". Die Pflanzstäbe rütteln, dann verteilen sich die Pollen und es kommt zur Befruchtung. Mögliche Ursachen sind aber auch Düngefehler – zu viel Stickstoff oder ein zu geringes Gießen.

Kann man Tomatenpflanzen aus Seitentrieben ziehen?

Das funktioniert tatsächlich, und so manche Gärtner ziehen daraus die zweite Generation an Tomaten. Die etwas längeren Triebe abschneiden, einwässern oder in sandige Erde stecken. Schon nach wenigen Tagen haben sie Wurzeln, werden eingepflanzt und die neue Pflanze wächst.

Wie lässt sich Braunfäule verhindern?

Die Pflanzen mit einem Dach vor Regen zu schützen, ist die beste Methode. Kleingewächshäuser sind ideal, man sollte aber darauf achten, dass man sie im Hochsommer gut lüften kann.

Von der Braunfäule befallene Blätter sofort abreißen – nicht schneiden, weil man sonst die Krankheitserreger auf gesunde Pflanzen überträgt.

Urgesteinsmehl auf die untersten Blätter stäuben, das hält die Infektionsgefahr zurück.

Auch Magermilchbrühen helfen: Magermilch im Verhältnis 1 : 3 mit Wasser verdünnen und auf die Blätter sprühen.

Rhabarberblätter mit kochendem Wasser übergießen, dann einige Tage stehen lassen, abseihen und unverdünnt auf die Tomatenpflanzen sprühen, am besten morgens. Die Oxalsäure schützt vor Infektion.

Kleine weiße Fliegen auf den Tomaten – was tun?

Diese kleinen Fliegen werden tatsächlich „Weiße Fliege" genannt. Sie vermehren sich rasant, daher ist die Bekämpfung von Beginn an wichtig. Rechtzeitig angewandt helfen:

- Gelbtafeln – das sind gelbe mit ungiftigem Leim bestrichene Kunststofftafeln, die die Weiße Fliege anlocken,
- das Besprühen mit Schmierseifenwasser und
- biologische Spritzmittel auf Kaliseifenbasis.
- Im geschlossenen Gewächshaus ist auch der Einsatz von Nützlingen sinnvoll (siehe Bezugsquellen).

Gewusst wie! Dann gedeihen die Tomaten prächtig.

Zucchini haben ähnliche Ansprüche wie Kürbisse und Gurken: Man zieht sie – etwa drei Wochen vor dem Auspflanztermin (nicht früher, weil sie sonst zu lang werden) – auf der Fensterbank oder im Kleingewächshaus vor, oder man kauft fertige Jungpflanzen.

Die Pflanzen lieben nahrhafte, gut gedüngte Erde, die mit Kompost und Hornspänen verbessert wurde, viel Wasser und Sonne.

Zucchini brauchen viel von allem – Sonne, Wasser, Nährstoffe.

Zucchini: weniger ist mehr

Kein Gemüse ist typischer für den Sommer, denn hat man einmal eine Zucchinipflanze im Garten, gibt es ab Ende Juni eine Ernte im Übermaß.

Nachgefragt

Die ersten Früchte faulen – was tun?
Meist ist die Ursache ein Nährstoffmangel. Nicht weil die Erde zu wenig gedüngt ist, sondern weil die Pflanze noch zu wenig Wurzeln hat, um die Nährstoffe zu den ersten Früchten zu bringen. Daher ist es besser, die ersten zwei bis drei Früchte zu „opfern" und abzuschneiden. Die folgenden Früchte werden gesund und die Ernte ist ab dann ergiebig.

Was tun bei Mehltau?
Mehltau kommt meist im Spätsommer und ist sorten-, standort- und witterungsbedingt. Tritt der Mehltau ab Mitte August auf, ist er vernachlässigbar. Überziehen sich die Blätter schon früher mit dem weißen Pilz, sollte man die am ärgsten betroffenen Blätter entfernen und die anderen mit Zinnkrauttee übersprühen.

Gibt es kletternde Zucchini?
Die gibt es und sie sind für kleine Gärten sehr interessant. Auf sehr kräftigen Pfählen kann man die nicht starkwüchsigen Triebe hochbinden und dann nach und nach die Früchte ernten.

Kann man die Samen aus Früchten wieder anbauen?
Das funktioniert nicht bei allen Zucchinisorten. Hat man sogenannte „samenfeste" (meist alte) Sorten, dann klappt es. Neue Sorten, die besonders viele Früchte tragen und auch gegen Krankheiten resistenter sind, bringen bei einer Weitervermehrung durch Samen kaum gute Erträge, weil sie „F1-Hybrid-Sorten" sind.

Sortenwahl
Bei der Sortenauswahl sollte man einmal die kletternde Zucchini 'Black Forrest' versuchen, auch die dreifarbigen und gelben Früchte sind interessant. Generell gilt: Je kleiner die Frucht geerntet wird, desto schmackhafter ist sie.

Zwiebel & Lauch: mit Pause

Die Auswahl an Speisezwiebeln ist größer, als man denkt: Schalotten, Gemüse- oder auch die Etagenzwiebeln sind nur einige. Die lustige Etagen- oder Luftzwiebel ist „lebend gebärend". Sie bildet im

Vorausschauend und vorbeugend gärtnern: Nach der Zwiebelernte empfiehlt sich eine Anbaupause von drei bis vier Jahren.

Spätsommer als Abschluss des Triebes in etwa 60 cm Höhe kleine rote Zwiebeln aus. Diese fallen ab, und daraus entstehen die neuen Pflanzen.

„Last but not least" zählt auch der gute alte Schnittlauch zu den Zwiebelgewächsen.

Durchlässige Böden

Alle Zwiebel- und Laucharten haben eine Vorliebe für humose, durchlässige, nicht frisch gedüngte Böden. Mit diesen Ansprüchen passen sie perfekt zu den Karotten, die auch einen sandigen Boden lieben. Karotten in der Mischkultur mit Zwiebeln angebaut, halten auch die Zwiebelfliege vom Gemüsebeet fern.

Zwiebelpause

Das Auftreten vieler Krankheiten und Schädlinge bei Zwiebeln ist auf den intensiven Anbau zurückzuführen. Legen Sie drei- bis vierjährige Pausen in der Zwiebelkultur ein, damit reduzieren sich auch die Probleme.

So wächst die Zwiebel

Je kleiner die Steckzwiebel ist, desto besser wächst sie. Setzen Sie die größeren Steckzwiebeln extra, sie beginnen nämlich

durchzutreiben und rasch zu blühen. Ehe es so weit ist, können Sie diese aber noch als Suppengrün verwenden. Noch ein Trick: Damit Steckzwiebeln besser wachsen, für einige Stunden auf den Dörrapparat legen und bei 40 bis maximal 50 °C dörren und erst dann stecken.

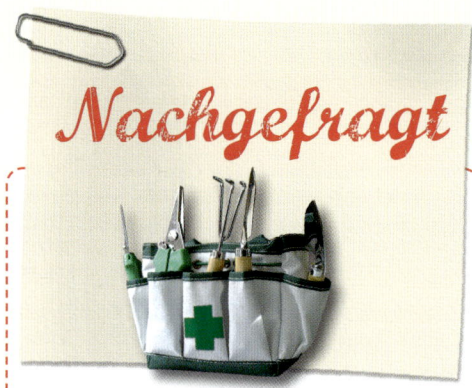

Nachgefragt

Was tun, wenn Lilienhähnchen auftreten?

Gerade in den letzten Jahren hat sich ein Käfer besonders stark vermehrt: das Lilienhähnchen, manchmal auch „Schnittlauch-Käfer" genannt. Der kräftig rote Käfer mit schwarzem Bauch befällt Schnittlauch, Zwiebeln und auch alle Arten von Lilien. Bei Gefahr lässt er sich sofort fallen und ist daher kaum zu finden.

Mein Tipp: Legen Sie Papier rund um die Pflanzen und schauen Sie nach einigen Stunden wieder vorbei. Die ängstlichen Lilienhähnchen lassen sich fallen und landen auf dem Papier, von dem sie entfernt werden können. Noch wirkungsvoller ist das Absammeln der Larven, die sich in kleinen Kotklümpchen verstecken.

Mischkultur: die guten Nachbarn machen's

Das Prinzip der Mischkultur ist keine Erfindung von besonders klugen Gärtnern, es wurde der Natur abgeschaut, denn so wie bei den Menschen gibt es auch im Reich der Pflanzen gute und schlechte Nachbarn. Zum Glück ist die Anzahl der schlechten Nachbarn gering.

Warum bunt gemischt?

Wo viele verschiedene Pflanzenarten durcheinanderwachsen, haben Krankheiten und Schädlinge nur geringe Chancen, sich auszubreiten. Pflanzen Sie deshalb beispielsweise Kapuzinerkresse auf die Baumscheiben von Obstbäumen. Für die Blutläuse ist diese aus Samen gezogene Zierpflanze, bei der man die Blüten auch essen kann, viel attraktiver als der Apfelbaum.

Insekten anlocken!

Durch eine möglichst bunte Blumenvielfalt können Sie nützliche Insekten anlocken, beispielsweise durch das Pflanzen von Basilikum neben Gurken, deren Blüten dann durch die angelockten Insekten bestäubt werden. Folgende Pflanzen werden von Schnecken gemieden: Anemonen, Mutterkraut, Fleißiges Lieschen, Duftsteinrich, Eisenkraut, Ehrenpreis, Salbei und Thymian.

Wer mag wen?

Spinat ist der Tausendsassa unter den Pflanzennachbarn. Seine Wurzeln scheiden Saponine aus, die sich im Boden auf das Wachstum aller benachbarten Pflanzen wohltuend auswirken. Werden die Pflanzen zu groß und nicht mehr in der Küche benötigt, dann können sie abgeschnitten und sofort als Mulch am Beet liegen gelassen werden.

Ohne große Partnerschaftsansprüche ist auch der Dill – er verträgt sich mit nahezu allen Gemüsearten. Einige Körner unter die Samen von Karotten oder Gurken

Bunt gemischt wächst's am besten. Mischkulturtabellen sind eine gute Grundlage, aber man sollte ruhig Mut zum Experimentieren haben.

Gute Nachbarn...

Zwiebeln/Schalotten
Zuckerhut
Zucchini
Wirsing
Weißkohl
Tomaten
Stangenbohnen
Spinat
Sellerie
Rotkohl
Rote Rüben
Rosenkohl
Rettich/Radieschen
Porree
Pflücksalat
Petersilie/Wurzelp.
Paprika
Neuseel. Spinat
Möhren
Mangold
Kürbisse
Kopfsalat
Kohlrabi
Knoblauch
Gurken
Grünkohl
Erbsen
Endivien
Chinakohl
Buschbohnen
Brokkoli
Blumenkohl
Artischocken
Artischocken
Blumenkohl
Brokkoli
Buschbohnen
Chinakohl
Endivien
Erbsen
Grünkohl
Gurken
Knoblauch
Kohlrabi
Kopfsalat
Kürbisse
Mangold
Möhren
Neuseel. Spinat
Paprika
Petersilie/Wurzelp.
Pflücksalat
Porree
Rettich/Radieschen
Rosenkohl
Rote Rüben
Rotkohl
Sellerie
Spinat
Stangenbohnen
Tomaten
Weißkohl
Wirsing
Zucchini/Zucchetti
Zuckerhut
Zwiebeln/Schalotten
ungünstig
neutral
günstig für Nachbarschaftskulturen

Mischkultur – nicht nur schön anzusehen, sondern auch sehr sinnvoll.

Kräuter & Gemüse bunt gemischt

Das verträgt sich	mit
Basilikum	Gurke, Tomaten, Zwiebel
Bohnenkraut	Buschbohne, Kopfsalat, Zwiebel
Borretsch	Zucchini, Kohlrabi
Dill	Gurke, Kohl, Karotte, Sellerie, Tomaten, Zwiebel
Estragon	Gurke, Liebstöckel
Kamille	Kohl, Radieschen, Sellerie, Zwiebel
Kerbel	Salat (Kerbel hält Läuse und Schnecken ab)
Kresse	Radieschen, Kopfsalat
Kümmel	Radieschen, Spinat, Kohlrabi
Lavendel	Rosen
Majoran	Karotte, Zwiebel, Lauch
Petersilie	Tomaten, Radieschen, Zwiebel
Rainfarn	kleine Rainfarnhecken um den Gemüsegarten halten generell Schädlinge ab
Salbei	Kohl, Bohne, Karotte
Schnittlauch	Tomaten, Karotte
Thymian	Kohl

Das verträgt sich nicht	mit
Basilikum	Weinraute
Beifuß	anderen Pflanzen, will eine Einzelstellung
Dill	Fenchel
Estragon	Petersilie
Kapuzinerkresse	Tomaten
Kümmel	Dill
Petersilie	Kopfsalat
Rauke	Kohlgewächse
Rosmarin	Gurke
Salbei	Gurke
Sellerie	Kartoffeln, Kopfsalat
Schnittlauch	Bohne, Erbse, Kohl, Rote Rübe
Wermut	ist generell ein schlechter Nachbar

gemischt, markieren nicht nur durch schnelleres Auflaufen die Reihen, sondern fördern auch die Keimung der benachbarten Samenkörner.

Kresse ist ebenfalls eine Pflanze, die als generell guter Nachbar für alle Pflanzen verwendet werden kann – wobei sich Radieschen und Kopfsalat besonders freuen. Die rasch keimenden Pflanzen haben aber vor allem eine bodendeckende Wirkung und halten damit die Feuchtigkeit in der Erde. Andererseits halten sie auch – bis zu einem gewissen Ausmaß – die Schnecken ab.

So funktioniert's im
Obstgarten

Viele Jahre lang wurden die Obstgehölze in den Gärten gerodet und „saubere" Koniferen, die kein Laub abwerfen, gepflanzt. Das ist jetzt wieder völlig anders. Nicht zuletzt dank neuer, kleinerer und gesünder wachsenden Sorten. Die Beeren sollten ohnehin in keinem Garten fehlen. Sie sind oft der erste Schritt zum Garten als Vitaminlieferant. Noch dazu lassen sie sich selbst im Ziergarten so integrieren, dass sie gar nicht als Nutzpflanzen auffallen.

Apfelbäume stellen an Boden und Klima kaum Ansprüche, brauchen aber zumeist eine zweite Sorte zur Befruchtung.

Äpfel: auch in kühlen Lagen

Für einen Apfelbaum sollte in jedem Garten Platz sein, aber auch auf dem Balkon kann man den einen oder anderen Apfel ernten – die säulenförmigen, sehr schlank wachsenden „Ballerina"-Sorten machen es möglich.

An den Boden stellt der Apfelbaum keine besonderen Ansprüche, viele Sorten wachsen auch bei kühlen klimatischen Bedingungen und auf eher feuchten Böden gut, solange es nicht zu extremer Staunässe kommt.

Die Pflanzung

Gepflanzt wird am besten im Herbst – wurzelnackt. Das ist nicht nur preiswert, sondern die Bäume sind auch leichter zu transportieren als Containerware.

Und so wird's gemacht: Den Boden gut vorbereiten, Kompost, eventuell etwas Sand einarbeiten. Falls Wühlmäuse im Garten sind, pflanzen Sie den Baum am besten in einen schützenden Gitterkorb. Die Veredelung muss eine Handbreit über der Erde liegen, sonst wächst der Baum nicht.

An der Windseite einen Baumpfahl einschlagen und den Stamm daran festbinden. Im zeitigen Frühjahr wird der Baum zurückgeschnitten. Faustregel: Nie mehr als ein Drittel herausschneiden, sonst kommt es zu übermäßigem Wachstum.

Die besten Partner für viele Äpfel

Apfelsorten sind generell selbststeril, benötigen also eine zweite Sorte zur Befruchtung.

Als gute Pollenspender gelten: 'Alkmene', 'Berlepsch', 'Pilot', 'Pinova', 'Pirella/Pirol', 'Piros', 'Resi', 'Rewena', 'Reglindis'. Schlechte Pollenspender sind z. B. 'Jonagold', 'Bohnapfel', 'Boskoop', 'Gravensteiner', 'Jakob Fischer'.

Sortentipps für den Hausgarten

- Sommeräpfel: 'Klarapfel' (anfällig für Obstbaumkrebs), 'Vista Bella' und die neuere Sorte 'Retina'
- Herbstäpfel: 'Geheimrat Dr. Oldenburg', 'Spartan' (zwar klein, aber besonders schmackhaft)
- Winteräpfel: 'Berlepsch', 'Kronprinz Rudolf' (beide sehr widerstandsfähig gegen Krankheiten), die neueren Sorten 'Florina', 'Topaz' (gut lagerfähig) und 'Rewena'

Obstregale ohne Fäulnis

Lagern Sie nur unversehrte Früchte ein. Das Auslegen der Regale mit Farnblättern verhindert das Ausbreiten von Pilzen.

Birnen: mit Frostschutz

So köstlich frische, saftige Birnen schmecken – die Bäume sind ein wenig wählerisch: Nur in warmen, sonnigen Lagen mit humusreichen, tiefgründigen Böden lohnt sich der Anbau. Bodenvorbereitung ist besonders wichtig: tiefgründiges Lockern, Sand und Kompost einarbeiten.

Warme, sonnige Standorte und humusreiche Böden goutieren Birnenbäume mit saftigen, köstlichen Früchten.

Empfehlenswerte Sorten für den Garten

'Clapps Liebling' (mittelgroße Früchte), 'Alexander Lucas' (große Früchte), 'Gellerts Butterbirne' (große, stark berostete Birnen), 'Gräfin von Paris' (flaschenförmige, saftige und gut lagerfähige Früchte), 'Williams Christbirne' (saftig, würziges Aroma).

Alte Bäume, viele Blüten – keine Früchte!

Birnen benötigen Befruchtungspartner, also einen anderen Birnbaum in der Nähe. Gute Befruchtersorten sind: 'Frühe von Trévoux', 'Gellerts Butterbirne', 'Conférence', 'Vereinsdechantsbirne', 'Madame Verté'.

Ist der passende Befruchtungspartner nicht vorhanden, hilft auch die beste Pflege nichts. Um nicht einen neuen Baum pflanzen zu müssen, reicht es aber oft schon, einzelne Äste von anderen Sorten auf den bestehenden Baum zu pfropfen.

Ein Rost, der wenig schadet

Der Birnengitterrost kommt von einem Pilz, der den Winter über auf einem Wacholder lebt und im Frühjahr die Blätter des Birnbaums mit roten Pusteln überzieht. Gesunde, kräftige Bäume sind nicht gefährdet – die Krankheit ist dann eher ein optisches Problem. Bäume in kritischen Lagen können aber durch den Rost, der praktisch nicht zu bekämpfen ist, umkommen. Bei jungen Bäumen helfen Spritzungen mit Schachtelhalmtee. Das stärkt die Blattoberfläche und macht sie weniger anfällig für diese Pilze.

Nachgefragt

Was verursacht zerrissene Stämme?

Birnen sind im Spätwinter frostrissgefährdet, daher ist es sinnvoll, die Stämme an einem sonnigen Herbsttag mit Baumanstrich zu versehen. Die Stämme erwärmen sich tagsüber langsamer, weil die weiße Farbe das Sonnenlicht reflektiert, und der nächtliche Frost richtet keinen Schaden an. Außerdem werden Insekten in Rindenrissen durch den Anstrich vernichtet.

Schützendes Brett

Stellen Sie an die Südseite des Baums einfach ein schützendes Brett, wenn Sie den Baumanstrich verabsäumt haben.

Brombeeren brauchen wenig Platz und kaum Pflege – ein ideales Obst für intelligente, faule GärtnerInnen.

Brombeeren: ohne Stacheln

Brombeeren sind das ideale Naschobst, denn die robusten Pflanzen brauchen kaum Pflege und ihre köstlichen Früchte lassen sich direkt vom Strauch pflücken und genießen.

Brombeersträucher zählen zu den wuchskräftigsten Gehölzen. In humoser, gut mit Kompost und Nährstoffen versorgter Erde wachsen sie am besten. Je mehr Sonne, desto schmackhafter werden später die Früchte.

Damit kein Dickicht entsteht, sollten Sie für die Brombeeren unbedingt ein frei stehendes Spalier errichten: Auf zwei bis drei Holzstehern von ca. 3 m Höhe werden drei Drahtseile ab einer Höhe von 60 cm gleichmäßig verteilt und ermöglichen ein stabiles Fixieren der langen Ruten. Am besten binden Sie dabei jeweils vier Triebe wie Palmenwedel auf.

Brombeeren müssen nicht stechen

Eine stachellose Sorte, die ich Ihnen besonders empfehlen möchte, ist 'Navaho'. Sie bringt verlässlich jedes Jahr große Mengen an sehr schmackhaften Früchten. Nach der Ernte werden die abgetragenen Triebe entfernt und je nach Platz drei bis vier neue Triebe an einem Spalier gezogen

– sie fruchten dann im nächsten Jahr. Seitentriebe, so sich schon welche gebildet haben, schneidet man auf zwei Blattpaare zurück. Gedüngt werden Brombeeren mit Hornspänen und Kompost. Wie bei allen Beerensträuchern dick mulchen – mit Rasenschnitt oder Rindendekor.

Nachgefragt

Warum reifen Brombeerfrüchte nicht ganz aus?

Wenn Früchte nur „halb reif" werden, also Teile davon rot bleiben, war der Brombeerblütenstecher am Werk. Pflücken und entsorgen Sie die betroffenen Früchte, denn wenn Sie diese am Strauch belassen, dann fallen sie ab und die Larven des Brombeerblütenstechers schlüpfen, ziehen sich in die Erde zurück und verpuppen sich dort. Von Jahr zu Jahr werden dann mehr befallene Früchte zu finden sein.

Woher kommt der graue Schimmel an den Früchten?

Im Spätherbst tritt nach längeren Regenperioden, aber auch an Nebeltagen an schon reifen Früchten der Grauschimmel auf. Die befallenen Früchte dürfen nicht gegessen werden. Man sollte sie aber entfernen und kann sie bedenkenlos am Kompost entsorgen.

Erdbeeren: aus dem Wald

Was wäre ein Garten ohne Erdbeeren? Auf den köstlichen Genuss reifer Früchte muss man aber auch beim Garteln auf Balkon und Terrasse nicht verzichten.

So werden Erdbeeren gepflanzt

Erdbeerpflanzen werden am besten Ende Juli/Anfang August gesetzt: Beete sehr genau von Wurzelunkräutern reinigen, gut mit Kompost und Hornspänen versorgen und anschließend mit Rasenschnitt mulchen.

Die Erdbeeren bleiben drei Jahre auf einem Beet, dann werden sie neu gepflanzt.

Bei abgeernteten Erdbeerbeeten, auf denen Pflanzen stehen, die nur einmal tragen, sollten nach der Ernte alle Blätter abgeschnitten werden – das senkt das Krankheitsrisiko –, dann wird mit Kompost und Hornspänen gedüngt. Sofort danach beginnt nämlich die Wachstumszeit. Erdbeeren setzen immer schon im Jahr davor die Blütenknospen an.

Walderbeeren ...

... sind meine Lieblinge und absoluten Favoriten als Bodendecker unter Ribiseln (Johannisbeeren), Himbeeren, aber auch im Ziergarten unter einer Blütensträucherhecke. Die zuckersüßen Früchte können von Mai bis in den Oktober geerntet werden.

Eine Strohschicht unter den Pflanzen beugt faulen Früchten vor und dämmt den Unkrautwuchs.

Sortenvielfalt

Besonders interessant sind die mehrmals tragenden Sorten, z. B. 'Ostara', 'Elan F1', 'Mieze Schindler Nova', 'Evita', 'Mara des Bois'.

Nachgefragt

Warum kümmern die Erdbeerpflanzen dahin?
Mögliche Ursachen sind Düngermangel (die Pflanzen stehen schon zu lange am selben Platz) oder das zu tiefe Setzen, oft begleitet mit faulenden Blättern. Da Erdbeeren Flachwurzler sind, sollte der Boden wenig gejätet und dafür regelmäßig gemulcht werden. Der ideale Partner im Erdbeerbeet ist der Knoblauch – er hält Grauschimmel ab.

Gibt es Erdbeeren, die auch Allergiker vertragen?
Ja! Die weißfruchtige 'Ananas-Erdbeere' ist eine an sich uralte Sorte, die in den letzten Jahren wieder angeboten wird. Sie enthält von den allergieauslösenden Proteinen nur ganz wenige und ist dadurch eine gut verträgliche Alternative. Vom Geschmack her ist diese Sorte von den herkömmlichen Erdbeeren kaum zu unterscheiden. Wichtig ist, dass man sie vollreif erntet, also dann, wenn sich die Früchte von Grün nach Weiß färben

Heidel-beeren: auf sauren Böden

Heidelbeeren zählen seit einigen Jahren zum beliebtesten Naschobst. Die Pflanzen wachsen, im Gegensatz zu den heimischen „Schwarzbeeren", in voller Sonne, benötigen aber auch einen sauren, also kalkfreien Boden.

Heidelbeeren lassen sich problemlos auch im Garten kultivieren, haben keine Schädlinge und Krankheiten. Mit einem organischen Rhododendron-Dünger sind sie optimal versorgt; ist das nicht der Fall, bleibt die Ernte aus.

Auf kalkfreiem Boden (mit Torfersatzstoffen vorbereiten) steht der Heidelbeerernte nichts im Wege.

Vor Vogelfraß schützen

Schützen Sie Ihre Heidelbeersträucher mit einem Vogelschutznetz vor den Amseln, die Heidelbeeren lieben und Sträucher innerhalb von Stunden kahl fressen können.

Heidelbeeren im Topf

Heidelbeersträucher können Sie auch in Gefäßen ziehen. Eine sehr bewährte Sorte ist 'Bluecrop', sie gedeiht auch im Topf auf dem Balkon und der Terrasse, wenn sie in Rhododendron-Erde gesetzt wurde.

Nachgefragt

Was ist die Ursache, wenn die Blätter der Heidelbeeren gelb werden?

„Chlorose" ist der Grund. Sie tritt in Gärten mit kalkhaltiger Erde häufig auf. Hier können Sie sich mit etwa 50 cm hohen Hochbeeten behelfen, die mit einer Lage Gehölzschnitt, kalkfreier Erde (Lauberde-Kompost, Torf-Ersatzstoffe) und organischem Dünger abgedeckt werden. Bewährt hat sich auch eine Mischung aus Torf 1 : 1 gemischt mit Sägespänen (wie sie als Kleintierstreu angeboten werden).

Das verstärkt die saure Bodenstruktur und macht die Erde durchlässig.

Warum tragen meine Heidelbeerpflanzen auch nach einigen Jahren keine Früchte?

Offenbar sind die Sträucher vergreist. Wie alle Gehölze müssen auch Heidelbeeren geschnitten werden, allerdings nicht sehr viel. Es reicht, wenn man alle drei- bis fünfjährigen Äste herausschneidet und damit neues Wachstum anregt. Ein Rückschnitt generell ist nicht notwendig.

Warum blüht ein Heidelbeerstrauch reich, trägt dann aber nur wenige Früchte?

Wahrscheinlich ist er ein „Einzelgänger". Die Befruchtung erfolgt aber viel besser, wenn man mehrere Sträucher nebeneinanderpflanzt oder auch in Töpfen nebeneinander aufstellt.

Himbeeren: resistente Herbstsorten

Wer die wilde Waldhimbeere als Gast in seinem Garten hat, kann sich über optimale Bodenverhältnisse für Himbeeren freuen, denn sie benötigen humose Böden, die eine eher „saure Bodenreaktion" aufweisen. Beim Anlegen eines Himbeerbeets sollte daher schon Rindenmulch und Kompost eingearbeitet werden. Zum Abdecken der Erde verwenden Sie Kompost und Rindendekor (ca. 10 cm dick auftragen). Diese ständige Bodenfeuchte wirkt sich gut auf das Wachstum der Pflanzen aus.

Robuste Wahl

Herbsthimbeeren sind in unsere Gärten gekommen, weil sie besonders leicht zu pflegen und nicht vom gefürchteten Rutensterben betroffen sind.

Sommer- und Herbsthimbeeren

Es gibt Himbeersorten, die nur einmal Früchte tragen – im Juni – und deshalb als Sommerhimbeeren bezeichnet werden. Sommerhimbeeren tragen die Früchte auf den Ruten des Vorjahrs, hier werden nur alte, abgestorbene Triebe entfernt.

Herbsttragende Himbeeren bilden ihre Früchte auf den neuen (einjährigen) Ruten aus und können deshalb im Spätherbst radikal zurückgeschnitten werden. Allerdings: Wenn man sie nicht schneidet, fruchten sie im kommenden Juni noch einmal.

Nachgefragt

Was kann man gegen das Rutensterben tun?

Das gefürchtete Rutensterben bekommt man bei den Sommerhimbeeren durch Mulchen und einen richtigen Schnitt in den Griff: Alle abgetragenen Ruten werden nach der Ernte bodeneben abgeschnitten. Auch alle dünnen Äste kommen weg, nur kräftige und gesunde Himbeerruten bleiben stehen. Der Abstand zwischen den Ruten sollte etwa 20 bis 25 cm betragen. Ganz wichtig: die Ruten nicht beschädigen, also die Rinde durch die Arbeiten nicht verletzen, denn dort beginnen sich Pilzkrankheiten auszubreiten.

Gibt es resistente Sorten?

Ja! Pflanzen Sie herbsttragende Himbeeren, z. B. die robuste und pflegeleichte Sorte 'Autumn Bliss'. Die Ernte beginnt erst im Juli, dauert dafür bis zum Oktober. Das Besondere an dieser Sorte: Alle Triebe werden im Spätherbst radikal bis zum Boden abgeschnitten, denn diese Himbeere fruchtet auf den einjährigen Trieben.

Genügend Bodenfeuchtigkeit, Sonne und regelmäßige Kompostgaben – so gedeihen Himbeeren prächtig.

Kirschen – das Lieblingsobst der Kinder. Mit der passenden Befruchtersorte ist die Ernte gesichert.

Kirschen & Weichseln: ohne Würmer

Wie heißt es so schön: „Die süßesten Früchte wachsen meist ganz oben!" Daher empfehle ich, Kirschen und Weichseln nicht als frei wachsende Bäume zu pflanzen, sondern als kleines Spalier. So bleiben sie in einer überschaubaren Größe, können leicht geschnitten und bequem abgeerntet werden – und das schon nach zwei bis drei Jahren.

Empfehlenswerte Kirschensorten sind z. B. 'Burlat' (frühreifend), 'Prinzessinkirsche' (mittelreifend), 'Germersdorfer Riesenkirsche' (mittelreifend) und 'Hedelfinger Riesenkirsche' (spätreifend).

Beugen Sie vor!

Lassen Sie wurmige Kirschen nicht unter dem Baum liegen, sondern entsorgen Sie diese mit dem Müll. Die Larven verpuppen sich, und im kommenden Jahr gibt's noch mehr wurmige Kirschen.

Die besten Befruchter-Sorten

Die meisten Süßkirschsorten sind selbstunfruchtbar, d. h., sie benötigen Pollen eines anderen Baums zur Befruchtung. Mehrere Kirschbäume nebeneinander erhöhen den Fruchtansatz am Baum, weil so genügend Befruchtungspartner vorhanden sind.

Die Sorten 'Hedelfinger Riesenkirsche' und 'Büttners Rote Knorpelkirsche' sind gegenseitig fruchtbar und sehr gute Pollenspender, z. B. auch für 'Burlat'. Selbstfruchtbare Sorten sind: 'Starkrimson', 'Sunburst', 'Stella' und 'Lapins'. Auch Wildkirschen stellen gute Befruchter sowohl für Süß- als auch Sauerkirschen dar.

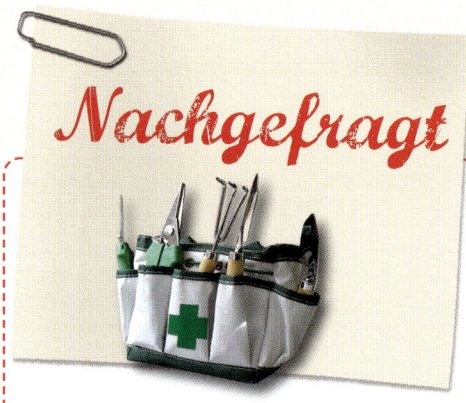

Nachgefragt

Die Kirschen sind wurmig – was tun?
Hängen Sie Gelbtafeln in die Bäume! Die Kirschfruchtfliege „fliegt auf Gelb" und lässt sich von den großen gelben, mit Leim beschichteten Kunststofftafeln gut anlocken, um dann darauf kleben zu bleiben. Wenn sich die Kirschen von Grün auf Gelb färben, werden die Gelbtafeln in die Kirschbäume gehängt. Erst dann legen die Kirschfruchtfliegen nämlich ihre Eier in die Kirschen, aus denen bald die Larven, die wir dann als „Würmer" bezeichnen, schlüpfen.

Der Weichselbaum trägt sehr schwach. Was ist der Grund?
Weichseln sind zwar meistens selbstfruchtbar, z. B. die Sorte 'Gerema', sodass auch der Wind Bestäubungsarbeit leisten kann, aber erst mithilfe der Insektenbestäubung wird eine hohe Ernte möglich.

Marillen: auslichten und pflegen

Marillen kann man auch in raueren klimatischen Gebieten gut kultivieren, wenn man einige Dinge beachtet:

- Pflanzen Sie Marillenbäume, die auf einer Zwetschke veredelt wurden. Nur deren Wurzeln garantieren, auch bei lehmigeren Böden, ein gutes Wachstum.
- Je schotterhaltiger und durchlässiger der Boden ist, desto besser. Geben Sie deshalb bei der Pflanzung Ziegelsplitt und Kies ins Pflanzloch.

- Pflanzen Sie den Marillenbaum immer an einer Hauswand – am besten an die West- oder Ostseite, denn an der Südseite kommt es zu einem frühen Austrieb, der dann frostgefährdet ist.

Die besten Marillen

Als beste Sorte gilt nach wie vor die 'Ungarische Beste'. Sie trägt verlässlich jedes Jahr, allerdings blüht sie sehr früh und ist damit frostempfindlich. Bewährt sind auch: 'Ananas Aprikose', 'Aprikose von Nancy', 'Bergeron' und 'Hargrand'. Als immun gegen die Scharkakrankheit gilt die neue selbstfruchtbare Sorte 'Kuresia'.

Die Paradefrucht aus der Wachau. Mit ein paar Tricks kann man den Marillenanbau aber auch in weniger warmen Gegenden wagen.

Nachgefragt

Was bedeutet es, wenn einen Marillenbaum „der Schlag trifft"?
Wenn Marillenbäume quasi über Nacht absterben, spricht man vom „Schlagtreffen" (Apoplexie). Die betroffenen Bäume werden auch durch Schnitt nicht gesunden, denn der Fehler ist schon in den Jahren davor passiert: Junge Bäume überanstrengen sich und bilden zu viele Früchte, im Jahr danach ereilt sie der Tod.

Brechen Sie deshalb – bis der Baum etwa sechs bis acht Jahre alt ist – die kleinen Früchte so weit aus, dass zwischen den einzelnen Marillen etwa vier Fingerbreit Platz ist. Später, auch noch im hohen Alter des Baums, wird auf zwei Finger Abstand zwischen den Früchten reduziert.

Was verursacht welke Triebspitzen?
Nichts mit dem „Schlagtreffen" hat es zu tun, wenn die Triebspitzen der Marillenbäume plötzlich welk werden, denn dabei handelt es sich um Monilia. Diese Krankheit tritt meist in Jahren auf, in denen es während der Blütezeit regnet. Die Erreger, die nur über die Blüte in den Baum eindringen können, werden durch den Regen verbreitet. Ein Rückschnitt ins gesunde Holz reicht aus, um den Baum zu heilen. Entternen Sie im Spätherbst alle Fruchtmumien, denn darin lagern Millionen von Pilzsporen!

Robuste Sträucher mit köstlichen, vitaminreichen Früchten – Ribiseln sollten in keinem Naschgarten fehlen.

Ribiseln: mit flachen Wurzeln

Die Ribisel oder Johannisbeere gehört zu den ältesten Beerenfrüchten im Hausgarten und war auch aus den alten Bauerngärten

Vorsicht bei den Wurzeln

Im Wurzelbereich von Ribiselsträuchern sollten Sie niemals umstechen, denn die Pflanzen wurzeln sehr flach und könnten dabei verletzt werden.

nicht wegzudenken. Sie braucht einen sonnigen Platz, der Boden muss locker und humusreich sein. Jährlich im Herbst erhalten die Sträucher eine Gabe aus verrottetem Stallmist oder Kompost als Mulchdecke. Im Sommer schützt eine Mulchdecke aus Rindendekor die flach wurzelnden Sträucher vor dem Austrocknen.

Sortentipps

- 'Jonkheer van Tets' gilt als eine der robustesten und sehr frühen rotfruchtigen Sorten.
- 'Rovada' hat die längsten Trauben, neigt aber zum „Verrieseln", vor allem dann, wenn der Standort rasch austrocknet.
- 'Titania' ist eine beliebte schwarzfruchtige Sorte.
- 'Weiße Versailler' heißt eine robuste, weiße Früchte tragende Sorte.

Jostabeere

Die Jostabeere ist eine Kreuzung zwischen Stachelbeere und Schwarzer Ribisel (Johannisbeere). Sie ist robust, wächst ähnlich den Stachelbeeren zu kleinen Sträuchern und trägt im Juni reichlich Früchte, die den Stachelbeeren ähneln. Wie alle Beerensträucher sollten Sie auch die Jostabeere jährlich mit Hornspänen und Kompost versorgen und danach dick mit Rasenschnitt oder Rindendekor mulchen. Bei den angebotenen Sorten sind die Unterschiede gering: 'Jostine' und 'Jogranda' werden am häufigsten angeboten.

Jostabeeren – zum Naschen, für Säfte, Marmeladen u. v. m.

Nachgefragt

Was ist zu tun, wenn Ribiseln keine neuen Äste bilden?

Zwei Ursachen können daran schuld sein: Entweder wurde beim Schnitt irrtümlich immer der Neuaustrieb herausgeschnitten, oder – und das passiert leider häufig – die Pflanzen wurden zu flach gesetzt. Ribiselsträucher sollten um gut 10 cm tiefer gesetzt werden, als sie in der Baumschule standen. Dann ist der Neuaustrieb von unten her besonders kräftig. Geschnitten werden immer nur die drei- bis fünfjährigen Triebe, und zwar bodeneben, sodass Luft und Licht zu den Trieben gelangt.

Tafel-trauben: auch im Hausgarten

Weintrauben lassen sich im kleinsten Garten, ja sogar im Kübel auf Balkon und Terrasse kultivieren. Sonnige Plätze mit durchlässiger, sandiger, aber humoser Erde sind für diese Obstgehölze das Wichtigste. Während früher Mehltau und andere Pilzkrankheiten große Sorgen bereiteten, sind seit einigen Jahren pilzresistente Sorten am Markt, die sich ideal für den Tafeltraubenanbau im Hausgarten eignen.

Bei richtiger Sortenwahl lassen sich Tafeltrauben im Hausgarten problemlos ziehen.

Die besten „grüngelben" Sorten

- 'Birstaler Muskat': sehr süßes, feines Muskataroma
- 'Palatina': süß-fruchtiger Geschmack
- 'New York': kernlos, mild im Geschmack
- 'Fanny': fruchtiges Aroma, Kerne kaum störend

Die besten „blauen" Sorten

- 'Regent': süß-fruchtiger Geschmack, kleinere Beeren (Keltertraube)
- 'Muscat bleu': süß, aromatisch, kräftiger Wuchs
- 'Uhudler': Aroma von Walderdbeeren; ein sogenannter „Direktträger", der besonders robust ist und über Stecklinge vermehrt werden kann.

Nachgefragt

Wie schneidet man Trauben?

Trauben bilden auf den einjährigen Trieben die Blüten und Früchte. Daher sollte man von Beginn danach streben, ein Grundgerüst an starken Ästen aufzubauen, an dem dann alljährlich die Seitentriebe mit dem Fruchtholz stehenbleiben.

Bester Schnittzeitpunkt ist der Spätwinter (Februar), bei frostfreiem Wetter. Im Sommer erfolgt ein Auslichtungsschnitt, wobei die Fruchttriebe für das nächste Jahr dabei schon erhalten bleiben müssen. Gegen Ende des Sommers entfernt man die großen Blätter vor den Trauben, damit die Früchte ausreifen.

Kann man unreife Trauben ernten?

Nein. Trauben reifen im Lager nicht nach. Sie benötigen unbedingt die Assimilation durch den Weinstock, um auszureifen. Daher sollte man den Trauben die sonnigsten Plätze im Garten geben oder geschützt an einer Haus- oder Schuppenwand setzen.

Eine Pergola kann man mit einer extensiven Traubenkultur, also ohne viel Schnitt, begrünen. Hier muss man nur von Zeit zu Zeit auslichten und verjüngen.

Zwetschken: nicht ohne Partner

Zwetschken lieben humose Böden, sonnige Standorte und regelmäßige Kompostgaben auf die Baumscheibe. Der Schnitt ist in den ersten Jahren besonders wichtig, auch später muss man den Baum immer wieder durch Schnitt verjüngen, denn nur am frischen Holz werden Früchte angesetzt.

Viele Zwetschkenbäume werden vom Scharka-Virus befallen. Achten Sie deshalb unbedingt auf eine hohe Toleranz der gewählten Sorte. Die bewährtesten Sorten sind: 'Ersinger Frühzwetschke', 'Hauszwetschke', 'Fellenberg', 'Top', 'Blue Free'.

Zwetschkenbäume kommen auch in kühlen Gebieten gut zurecht, solange der Standort sonnig ist.

Nachgefragt

Der Baum trägt viele Blüten, aber keine Früchte. Was ist der Grund?
Bei Zwetschken gibt es sowohl selbstfruchtbare als auch selbststerile Sorten, außerdem Übergangsformen davon. Die Bäume können von Schlehen (Prunus spinosa) und Kirschpflaumen (Prunus cerifera) befruchtet werden, wenn diese zur selben Zeit blühen. Beispiele für selbstunfruchtbare Sorten sind 'Schönberger' und 'Große Grüne Reneklode'. Eindeutig selbstfruchtbar sind z. B. 'Katinka', 'Cacaks Schöne', 'Hanita'.

Wie lassen sich wurmige Zwetschken verhindern?
Durch das Aufhängen von Lockfallen lässt sich der Pflaumenwickler als Verursacher wurmiger Zwetschken in Grenzen halten. Lockfallen enthalten Sexuallockstoffe, die als Kapsel auf eine Leimfalle gelegt werden. Die Falle hat die Form eines kleinen Häuschens und wird ab Mai in die Kronen der Zwetschkenbäume gehängt. Angelockt vom Duft, bleiben die Männchen auf der Leimfalle kleben und können somit die Weibchen nicht befruchten.

Erste Hilfe für Baum-„Wunden"

- Jeder Schnitt hinterlässt Wunden. Ältere Bäume, z. B. Eichen oder Linden, können in ihrem inneren Holzkörper Gerbstoffe einlagern, die als natürliche Fungizide wirken. Doch bei Obstbäumen ist das anders, ihre Schnittflächen benötigen Pflege.
- Wunden bis zur Größe einer 2-Euro-Münze bleiben unbehandelt.
- Bei größeren Schnittstellen wird der Wundrand glatt geschnitten und mit einem Wundverschlussmittel versorgt.
- Sehr große Schnittflächen werden nur im Außenbereich mit Wundverschlussmitteln behandelt, der innere Bereich bleibt roh und wird später überwachsen.

Obstbaum-schnitt: keine Hexerei

Obstbäume, die nicht geschnitten werden, wachsen kräftig nach oben. Das bedeutet, dass die am obersten Ast stehende Knospe am stärksten und steilsten austreibt; die Krone muss ausgelichtet werden.

Auf der Oberseite eines waagrecht stehenden Astes treiben die Knospen auf der ganzen Länge mit schwachen, fast gleich großen Trieben aus. Aus den Trieben entsteht das begehrte Fruchtholz und nur daran entstehen Blüten und damit Früchte. Durch waagrechtes Binden und Beschweren der Äste kann man diesen Prozess beschleunigen.

Wenn sich ein Ast (z. B. unter der Last von Früchten) bogenförmig nach unten biegt, entsteht auf dem höchsten Punkt des Astes (Scheitelpunkt) ein neuer, wüchsiger Trieb. Der untere Teil des Astes wächst dann schwach oder gar nicht. Dies nützt man beim Verjüngungsschnitt, indem man die Teile unter dem Scheitelpunktaustrieb abschneidet.

Wann werden Obstbäume geschnitten?

Der zu Ende gehende Winter ist die ideale Zeit, um die Obstbäume in Form zu bringen. Die Grundregeln für den Schnitt:

- Jede Baumkrone benötigt viel Luft und Licht, dadurch wird Krankheiten vorgebeugt. Es heißt: „Man muss den Hut durch die Baumkrone werfen können."
- Geschnitten wird möglichst im Spätwinter (Februar oder Anfang März) an einem frostfreien Tag.
- Grundprinzip Nummer eins ist, dass jeder Ast immer auf ein Außenauge geschnitten wird.
- Als Haupttrieb darf nur ein Leitast stehen bleiben, der Konkurrenztrieb wird entfernt. Die Seitenäste bleiben alle 20–50 cm (je nach Baumform) in Etagen stehen. Nach dem Schnitt sollte die Baumkrone die Umrisse einer Pyramide aufweisen.

- Je stärker der Rückschnitt, desto kräftiger der Austrieb (Besenbildung)! Daher sollte bei Bäumen niemals mehr als ein Drittel der Äste herausgeschnitten werden.

So sieht eine gut geschnittene Baumkrone aus!

Waagrechte Äste bilden verstärkt das gewünschte Fruchtholz.

Sägt wie geschmiert

Ein glatter Schnitt ist bei der Baumpflege wichtig. Damit die Säge nicht ins Stocken gerät, reibt man das Sägeblatt mit Seife ein.

Nützlinge, Schädlinge
und Krankheiten

In einem funktionierenden Ökosystem regelt sich das Zusammenspiel von Freund und Feind beinahe von selbst. Das Auftreten von Schädlingen und Krankheiten im Garten ist ein Hilferuf der Pflanzen und zeigt, dass die Balance zwischen Schädlingen und Nützlingen nicht mehr funktioniert, oder die Pflanzen falsch versorgt sind. Die Devise heißt daher: Vorbeugen statt reagieren. Gesunde, gut versorgte Pflanzen am richtigen Standort sind robust und weniger anfällig.

Die lästigsten Schädlinge

Sie tauchen über Nacht wie aus dem Nichts auf. Heute sind es noch einige wenige Exemplare und morgen schon eine wahre Invasion. Da heißt es, einen kühlen Kopf bewahren und nicht „mit Kanonen auf Spatzen schießen". Wer naturgemäß gärtnert, der muss sich in Gelassenheit üben und dennoch sanft, aber bestimmt eingreifen.

Ameisen

Es gibt Jahre, da sind im Garten an allen Ecken und Enden Ameisen zu finden. „Mein Rasen gleicht einem riesigen Ameisenhaufen", „Im Gemüsegarten sind alle Pflanzen von den Viecherln unterwandert" – so und ähnlich lauten dann die Hilferufe. Es gibt einige Möglichkeiten, der Ameiseninvasion auf sanfte Art Herr zu werden.

Ameisen auf Umsiedlungskurs

Einzelne Ameisenbauten in einem Beet oder auch einer Wiese lassen sich sehr einfach umsiedeln. Man stellt einen Tontopf mit etwa 12 cm Durchmesser über

Feinde fördern

Der wichtigste Grundsatz, um Schädlinge in Schach zu halten, ist, deren natürliche Feinde zu fördern – durch das Anbringen von Nistkästen, das Liegenlassen von Laub unter Hecken, durch eine „wilde" Ecke im Garten, wo alles wachsen darf, oder Totholzhaufen und Steinmauern als Lebensraum. Überall finden sich Unterschlupfplätze für Nützlinge, die uns im natürlichen Kreislauf helfen, Schädlingsprobleme im Keim zu ersticken. Sanftes Vorgehen gegen Schädlinge ist – so merkwürdig es klingt – ein Erlebnis. Wenn man trotz der Invasion von lästigen Besuchern plötzlich bemerkt, wie die Feinde ebenso aktiv werden, dann ist das der erste Schritt zum grünen Paradies. Also nicht verzagen – auch im himmlischen Paradies hatte die Schlange ihren festen Platz.

In einem naturnahen Garten gibt es Nahrung und Unterschlupf für viele nützliche Tiere, die wiederum die Schädlinge im Zaum halten.

Mithilfe eines Tontopfs können Ameisen umgesiedelt werden.

Blattläuse

Blattläuse sind, neben den Nacktschnecken, wohl die lästigsten Schädlinge im Garten. Ob grün, braun, grau oder gar rötlich – alle Tierchen vermehren sich enorm. Allerdings sind in einem naturnahen Garten auch ihre Feinde aktiv: Vögel, Marienkäfer, Florfliegen, Schwebfliegen und Ohrwürmer. Sie alle haben die Blattläuse zum Fressen gern. Blattläuse sind also kein wirklich großes Problem und die erste Hilfe lautet immer, sich in Gelassenheit zu üben.

den Bau. Sehr schnell werden die fleißigen Tierchen das neue „Hochhaus" erobern. Nach einigen Tagen kann man mithilfe einer Schaufel den ganzen Bau umsiedeln – zum Beispiel unter eine Hecke oder in einen nahe gelegenen Wald.

Südfrüchte sind ungeliebt

Orangen, Zitronen und andere Südfrüchte enthalten ätherische Öle, die Ameisen nicht mögen. Der Trick: Sammeln Sie die Schalen der Früchte in einem Kübel und übergießen Sie diese mit Wasser. Mehrere Tage stehen lassen, bis die Flüssigkeit zu schäumen beginnt. Danach abseihen und unverdünnt auf die Ameisenbauten gießen. In den ersten Tagen passiert meist nichts, nach drei, vier Tagen aber verlassen die Ameisen den Bereich.

Backpulver gegen Ameisen

Im Haus kann man Ameisen mit Backpulver bekämpfen, indem man die Ameisenstraße dünn mit Backpulver bestäubt. Die

Tiere schleppen das Backpulver in den Bau und gehen daran zugrunde, wenn sie es fressen.

Backpulver und Honig

Noch wirksamer ist es, etwas Honig mit Backpulver zu verrühren. Damit versorgen die Ameisen die Brut, die dann abstirbt.

Streumittel aus dem Geschäft

Mittlerweile gibt es viele biologische Streumittel, die mittels ätherischer Öle gegen Ameisen wirken. Man streut das Pulver mehrmals innerhalb von einigen Wochen auf die betroffenen Stellen (Platten, Mauerritzen oder auch Beete). Die Tiere werden nicht getötet, sondern nur vertrieben.

Blattläuse an Rosen – ein bekanntes Bild!

Abstreifen als Therapie

Wer sich einmal so richtig über etwas ärgert, sollte in Zukunft in den Garten gehen und Blattläuse zerdrücken, dabei macht man seinem Ärger Luft. Das Abstreifen kann man mit Einweghandschuhen oder auch mit bloßen Händen durchführen – eine vollkommen biologische Methode und obendrein sehr wirksam.

Kopfwäsche mit dem Schlauch

Wer kennt das nicht? Kübelpflanzen, die aus dem Winterquartier kommen, sind oft voll mit Läusen. Eine kräftige Dusche mit dem Gartenschlauch (am besten mit der Düse) wäscht meist einen Großteil der Tierchen ab. Wählt man einen sonnigen Tag, dann vertrocknen fast alle abgewaschenen Läuse auf dem Terrassenpflaster.

Mit Seife gegen die Blattläuse

So geht's: Einen Esslöffel Schmierseife in einem Liter heißem Wasser auflösen, auskühlen lassen und dann direkt auf die befallenen Stellen sprühen. Nur dort, wo die Seifenlauge die Läuse wirklich erwischt, gehen sie zugrunde. So grausam es klingt: Sie zerplatzen! Allerdings überleben einige, und das ist auch gut so: Damit haben die Nützlinge etwas zu fressen und siedeln nicht ab.

Efeutee wirkt auch gegen Schorf

Kaum bekannt ist, dass der immergrüne Efeu sowohl gegen Schädlinge als auch gegen Pilzkrankheiten verwendet werden kann. Eine Handvoll Efeublätter (Achtung: Sie sind für den Menschen giftig!) auf einen Liter Wasser geben und zu einem Tee verkochen. Auskühlen lassen und unverdünnt auf die Blattlauskolonien sprühen. Das hilft übrigens auch gegen Schorf bei Apfelbäumen.

Schildläuse

So herrlich Orangenbäumchen, Yucca-Palme und Co im Wintergarten auch anzusehen sind: Wenn der Boden unter dem Baum „zu kleben" beginnt, ist das meist ein eindeutiges Zeichen für den Schildlausbefall. Wer genau schaut – oft ist dazu eine Lupe notwendig –, der wird an den Blattunterseiten, an den Blattstängeln oder an den Ästen die kleinen Schilder der Tierchen sehen. Sie lassen sich mit dem Fingernagel abkratzen oder zerdrücken.

Da rutscht die Schildlaus aus

Schmierseife befreit Ihre Kübelpflanzen von den Schildläusen, am sinnvollsten ist die Anwendung bei hartlaubigen Pflanzen. Geben Sie drei Esslöffel Schmierseife auf einen Liter heißes Wasser und wischen Sie nach dem Auskühlen mit einem Schwamm Blätter und Äste damit ab. Die Erde im Topf zuvor mit Folie abdecken, damit nicht zu viel Seife hineingerät. Bei sehr großen Kübelpflanzen kann man die Blätter auch einsprühen, die Wirkung ist dann aber nicht so gut. Nach einigen Stunden die Pflanze gründlich abwaschen.

Öl gegen Schildläuse

Parafin- und Rapsöl sind für den Menschen ungefährliche, für die Schildläuse aber tödliche Mittel. Im Handel erhältliche Pflanzenschutzöle (man kann kein Salatöl verwenden!) sind meist auch mit einem pyrethrumhaltigen Insektizid vermischt. Damit erreicht man auch jene Tierchen, die noch kein Schild haben. Das Öl verstopft die Atemöffnung der Schildläuse und erstickt sie so. Manchmal sterben dabei leider auch ein paar Blätter ab, die Pflanze erholt sich aber wieder.

Blattunterseite

Verwenden Sie Schmierseife gegen Schildläuse!

Woll- oder Schmierläuse bilden Wachshüllen für die Eiablage.

Blattunterseite

Wollläuse

Haben sich die Wollläuse einmal auf den Pflanzen breitgemacht, sind sie kaum mehr wegzubringen. Sie sind selbst gegen stärkste Spritzmittel resistent, deshalb ist deren Anwendung auch gar nicht sinnvoll.

Für Laien sind die Wollläuse sehr oft schwer zu erkennen. Große Kolonien werden manchmal sogar mit Mehltau verwechselt, wenn sie sich auf ganzen Ast- und Blattpartien ausbreiten.

Öl und Seife helfen

Sind Pflanzen – meist Kübel- und Zimmerpflanzen – mit Wollläusen befallen, gilt es vorerst einmal, die Pflanzen „optisch" zu reinigen. Schmierseifenwasser und Schwamm eignen sich dazu.

Danach aber muss man auch die vielen in den Blattachseln und Stammritzen versteckten Tierchen beseitigen – am besten mit ölhaltigen Spritzmitteln. Da allerdings die Schildlauseier extrem robust sind und auch nach über einem Jahr noch „leben", muss die Behandlung mehrmals wiederholt werden.

Ganz wichtig bei Wolllausbefall

Reinigen Sie die Übertöpfe im Geschirrspüler. Plastiktöpfe müssen gegen frische ausgetauscht und entsorgt werden, sonst verschleppt sich das Problem immer weiter.

Dickmaulrüssler

Der Dickmaulrüssler gilt als einer der gefährlichsten Schädlinge – in England liegt er in der Reihung der Gartenprobleme bereits unmittelbar hinter den Schnecken auf Platz zwei. Einen Dickmaulrüssler-Befall erkennt man an den angeknabberten Blatträndern bei Rhododendren, Efeu, Kirschlorbeer, Rosen, aber auch bei vielen Stauden wie Pfingstrosen oder Alpenveilchen.

Auf der Lauer, auf der Lauer

Die Käfer mit dem langen „Rüssel" sind nachtaktiv und schwer zu fangen, da sie sich bei Gefahr sofort fallen lassen. Legt man unter die betroffenen Pflanzen weiße Tücher, ist die Jagdquote gleich um einiges höher. Dennoch bleibt die viel größere Gefahr erhalten – die Larve des Dickmaulrüsslers: Die kleinen weißen Engerlinge leben unter der Erde und fressen nicht nur

Dickmaulrüssler (9–12 mm) mit Larve und typischem Blattfraß

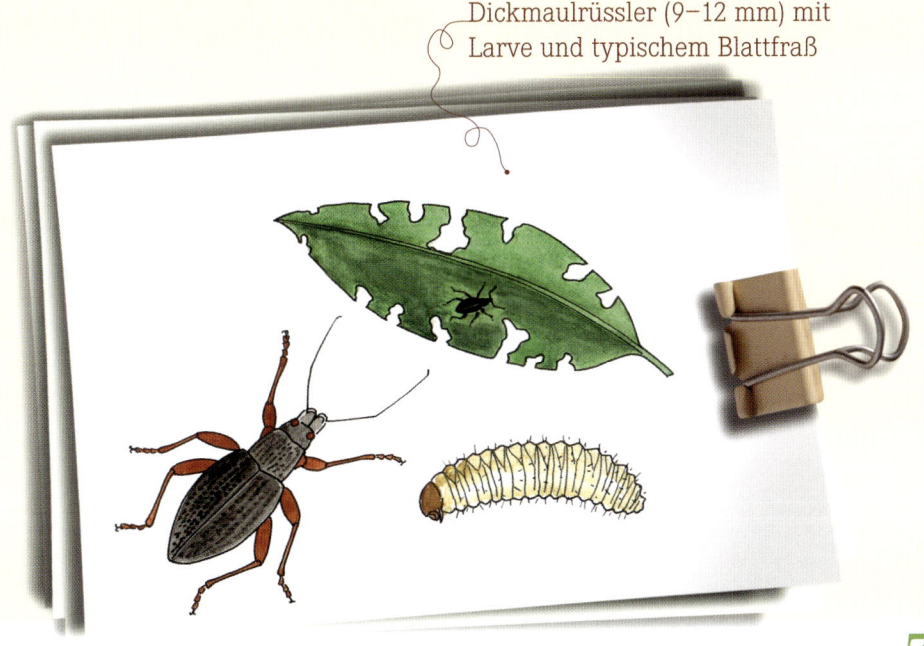

die Wurzeln, sondern vor allem den Wurzelansatz bei Stamm und Knollen. Ihre Vorlieben gelten den Knollen von Cyclamen, den Wurzeln von Rhododendren, Kamelien und Pfingstrosen, aber auch Efeu, Spindelstrauch und vielen anderen mehr. Die befallenen Pflanzen können im schlimmsten Fall sogar plötzlich - „über Nacht" - absterben.

Kartoffelhälften sind der beste Drahtwurm-Köder.

Mit Nützlingen gegen den Dickmaulrüssler

Als Bekämpfungsmöglichkeit mit den besten Erfolgsaussichten haben sich Nematoden, also Bodennützlinge, behauptet, die man sich von Nützlingsanbietern in einem Tonpulver „verpackt" liefern lassen kann. Das Pulver wird in Wasser aufgelöst und am Abend nach Sonnenuntergang (wegen der UV-Empfindlichkeit der Nematoden) auf die befallenen Erdbereiche gegossen. Die Fadenwürmer bringen die Larven zum Absterben.
Die Anwendungen müssen dreimal wiederholt werden. Anwendungszeitpunkte sind Ende März bis Ende Mai und August bis Oktober, wenn die Bodentemperatur mindestens 12 °C beträgt. Kälter oder sehr viel wärmer sollte es nicht sein, dann sterben die Fadenwürmer ab. Für Menschen, Haustiere oder andere Gartenbewohner sind diese Nematoden völlig ungefährlich. Sind keine Dickmaulrüssler-Larven mehr vorhanden, sterben auch sie ab.

Drahtwürmer

Die Larve des Schnellkäfers ist es, die uns als „Drahtwurm" so manches Salatpflänzchen wegfrisst. Aber er hat auch eine Vorliebe für Kartoffeln, und das kann man sich zunutze machen: Halbe Kartoffelstücke werden eingegraben, mit einem Stab markiert und dann alle zwei, drei Tage kontrolliert. Meist stecken einige der Drahtwürmer in den Kartoffeln und können so vernichtet werden.

Der neue Gemüsegarten – ein Drahtwurm-Eldorado!

Errichtet man „auf der grünen Wiese" einen neuen Gemüsegarten, sollte man vorbeugend darauf achten, dass niemals Rasenflächen umgegraben und mit den Rasensoden zu Gemüsebeeten werden – hier sind dann Hunderte Drahtwürmer im Boden.

Deshalb: Zuerst die Rasensoden sorgfältig abtragen und dann erst umgraben. Später muss man die Beete immer gut mulchen und frei von Unkraut halten. Der Schnellkäfer legt seine Eier gern auf Flächen, die dicht begrünt sind – eben in Rasenflächen oder verunkrautete Beete.

Nacktschnecken

Das wohl größte Problem in Hausgärten ist seit vielen Jahren die Invasion der Nacktschnecken. Ob braun, schwarz oder genetzt – sie leisten volle Arbeit. Oft verschwinden über Nacht die auf der Fensterbank oder im Gewächshaus vorgezogenen Gurken oder Studentenblumen von den Beeten. Über die Bekämpfung von Schnecken wurden schon ganze Bücher geschrieben, so sehr bewegt das Thema uns Gärtnerinnen und Gärtner! Gewusst wie jedoch, lassen sich die hartnäckigen Tiere gut in den Griff bekommen.

Die wichtigsten Schritte zur Bekämpfung der Schnecken:

- Mit naturnaher Gartengestaltung einen Unterschlupf für die Gegenspieler der Schnecken schaffen: Kröten benötigen ein Biotop, Salamander eine Trockenmauer und Laufkäfer das Herbstlaub, das unter der Hecke liegen bleibt. Der Igel liebt Laubhaufen, in denen er sich verstecken kann. Alle vier genannten Tiere – und viele andere –sind hilfreiche Schneckenfresser!

- Absammeln, absammeln und noch einmal absammeln. In den Abendstunden mithilfe einer Taschenlampe ist die Beute besonders groß. Man kann aber auch Holzbretter auflegen, die den Tieren als Unterschlupf dienen, und sie dann dort „reihenweise" absammeln.

- Riegeln Sie besonders gefährdete Beete mit Schneckenzäunen ab. Das sind etwa 40 cm hohe Metallstreifen, die an der Oberkante im Winkel von 45° nach außen umgebogen werden. Diese Hürde können die Schnecken nicht überwinden!

- Im Herbst bei der Bodenbearbeitung unter Steinen und Brettern nach Schneckeneiern suchen. Werden sie vernichtet, sind die Plagegeister im kommenden Jahr deutlich weniger.

- Schneckenkorn sollten Sie nur im äußersten Notfall anwenden. Es ist, trotz aller gegenteiliger Beteuerungen der Hersteller, nicht unproblematisch – aber, wenn die Schnecken einen wahren „Kahlfraß" verursachen, eine wirksame Hilfe. Beachten Sie unbedingt die richtige Dosierung.

Schneckenkorn richtig anwenden!

Ganz neu ist es ja nicht mehr, aber noch immer eine perfekte Alternative: ein Schneckenkorn, das zwar in der Körnung dem bisherigen sehr ähnlich ist, Inhalt, Anwendung und Wirkung sich aber völlig unterscheiden: Dieses Mittel enthält den Wirkstoff Eisenphosphat – ein Stoff, der eigentlich ohnehin in jedem Gartenboden vorkommt. „Versteckt" ist das Eisenphosphat in einem Lockmittel, das im Wesentlichen aus Kleie besteht.

Bei der Anwendung zu beachten:

Das Mittel breitwürfig ausstreuen, am besten vor einem Regen. Bei Trockenheit sollte anschließend ausgiebig gegossen werden, denn im Unterschied zum bisherigen Schneckenkorn muss dieses zuerst aufquellen, damit es für die Schnecken attraktiver wird als die Pflanzen in der Umgebung.

Frisst nun eine Schnecke das neue Schneckenkorn, so stellt sie sofort das Fressen ein und zieht sich in die Erdritzen zurück, wo sie normalerweise den Tag verbringt. Das Eisenphosphat führt bei dem Schädling nämlich quasi zu einer Magenverstimmung. Nach wenigen Stunden verendet die Schnecke im Erdversteck. Daher sind auch keine toten Tiere mehr zu finden.

Gerade diese Tatsache hat bei vielen Gärtnern zur Verunsicherung geführt, denn der „Jäger möchte doch die Beute sehen". Gleichzeitig haben viele Anwender des neuen Mittels einen Hinweis missachtet und das Schneckenkorn nicht ständig ergänzt. Die Hersteller empfehlen – je nach Befall und Zuwanderungsmöglichkeiten – mehrere Anwendungen über einen längeren Zeitraum. Vor allem im zeitigen Frühjahr hat sich dieses Mittel bewährt, da seine hohe Regenfestigkeit schon im April zu einer Dezimierung der Schnecken führt.

Schnecken verkriechen sich gerne unter Brettern und können dann bequem abgesammelt werden.

Tee gegen Schnecken?

Tatsächlich: Die Kermesbeere *(Phytolacca)* ist nicht nur eine stattliche Zierpflanze, ihre getrockneten Früchte eignen sich auch zur Schneckenbekämpfung. Drei Esslöffel der Früchte auf ein Liter Wasser geben, einige Zeit stehen lassen und damit die befallenen Bereiche gießen. Die in der Pflanze enthaltenen Saponine schädigen die Schleimhäute der Schnecken und deren Eigelege.

Aus der Kermesbeere lässt sich ein Mittel zur Schneckenabwehr herstellen.

ohne sie gleich zu fressen. Nach einiger Zeit lässt die Giftwirkung nach, und man füttert damit die Wühlmäuse, anstatt sie zu bekämpfen.

Was „stinkt" der Wühlmaus?

Wühlmäuse sind sehr geruchsempfindliche Tiere. Jauchen von Holunderblättern, Fischköpfe und mit Duftölen präparierte Lavasteine wirken im engeren Umkreis. Gleiches gilt für die Zwiebel der Kaiserkrone.

In Gitterkörbe pflanzen

Als wirksamste Vorbeugemaßnahme hat es sich bewährt, die Pflanzen in Gitterkörbe aus verzinktem Sechseckgeflecht zu setzen. Man verwendet sie besonders bei Bäumen und Sträuchern, um die Wurzeln in den ersten Jahren zu schützen.

Wühlmaus

Ein Sorgenkind in Gärten, die in der Nähe von Wäldern, Wiesen oder Äckern liegen, ist die Wühlmaus. Fallen sind die sinnvollste Bekämpfungsmethode, dazu benötigt man aber viel Geschick.

Giftköder

Für Pflanzen sind Giftköder völlig ungefährlich, sie wirken aber nur bedingt und gefährden auch andere Tiere. Das große Problem: Die Tiere lagern die Köder ein –

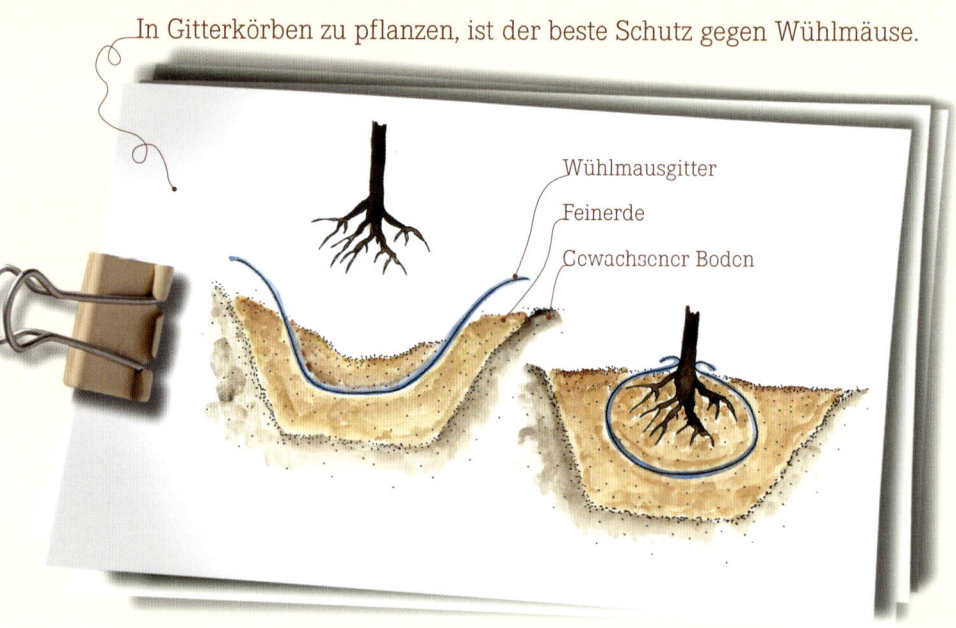

In Gitterkörben zu pflanzen, ist der beste Schutz gegen Wühlmäuse.

Wühlmausgitter
Feinerde
Gewachsener Boden

von Speiseöl oder einer Waschlauge treibt sie aus dem Bau.

Möglichkeit zwei der Bekämpfung sind Fallen: Gläser und Blechdosen bodeneben eingraben und links und rechts davon je einen flachen Stein legen. Auf die Steine ein Holzbrett geben, sodass ein Zwischenraum von ein bis zwei Zentimetern bleibt. Die Maulwurfsgrillen suchen bei ihren Beutezügen Schutz unter Holzbrettern, stürzen in die Falle und lassen sich damit entfernen.

Die Maulwurfsgrille (30–35 mm) lässt sich mit Fallen fangen.

Maulwurfsgrille

Die Werren, Zwergel oder Maulwurfsgrillen gehören zu den lästigsten Schädlingen, denn sie können in befallenen Gärten katastrophale Schäden anrichten. Die Tiere, die zwischen 4–10 cm groß werden, sehen aus wie riesige Ohrwürmer, leben meist unter der Erde und errichten ein umfangreiches Gangsystem mit Brut- und Futterkammern.

Verspeist wird alles: Insekten, Engerlinge, Würmer, aber auch Pflanzen – und das im Übermaß. Zu sehen sind die Tiere kaum, aber ganze Gemüsegärten können von den Dutzenden Maulwurfsgrillen, die in einem Bau leben, innerhalb weniger Wochen kahl gefressen werden.

Graben und „schmieren" als Erste Hilfe

Wenn man den fingerdicken Löchern, die in den Beeten zu sehen sind, nachgräbt, dann weckt man die Maulwurfsgrillen und kann sie vernichten. Auch das Einfüllen

Nematoden gegen Maulwurfsgrillen

Winzig kleine Würmer, sogenannte Nematoden oder Bodennützlinge, bezwingen die Maulwurfsgrillen. Die Tierchen werden in einem Tonpulver geliefert, das in Wasser aufgelöst auf die betroffenen Flächen gegossen wird. Die Nematoden befallen dann die Werren und vernichten sie. Für Menschen und Haustiere sind sie hingegen völlig ungefährlich.

Weiße Fliege

Die Weiße Fliege bekämpft man zum Beispiel bei Fuchsien, Tomaten oder Gurken mit „Gelbtafeln" oder „Gelbfallen". Die mit Leim beschichteten, völlig ungiftigen gelben Kunststofftafeln locken die Schädlinge an, die dann daran kleben bleiben.

Invasion der Weißen Fliege – was tun?

Wer nicht rechtzeitig bekämpft, muss, wenn der Befall überhandnimmt, mit biologischen Schädlingsbekämpfungsmitteln

Klebrige Gelbtafeln schaffen Abhilfe gegen die winzigen Weißen Fliegen (1–2 mm).

viele Nützlinge und vor allem die heimischen Marienkäfer verspeist. So kann aus einem Nützling ein Schädling werden!

Das Tier ist sehr vielgesichtig: schwarz mit gelben oder roten Punkten, rot mit gelben Punkten und viele andere Spielarten. Im Spätherbst sammelt er sich gern an südseitig ausgerichteten Stockhäusern, bevorzugt auf gelben Hausfassaden.

Engerlinge

Engerling ist nicht gleich Engerling – hier alle zu erwähnen, würde den Rahmen sprengen und ist auch nicht notwendig. Zwei Bereiche im Garten gibt es aber, wo Engerlinge besonders auffallen:

Engerlinge im Komposthaufen

Treten Engerlinge im Kompost auf, sind diese meist die harmlose Vorstufe zum Rosenkäfer – jenem metallisch grün glänzenden Käfer, der im Sommer an den Rosenblüten zu finden ist, dort aber nur ein wenig an den Staubgefäßen knabbert und keinerlei Schaden anrichtet. Die Larve selbst frisst nur abgestorbenes Material und bewohnt deshalb den Komposthaufen. Dennoch sammle ich sie beim Kompost-„Ernten" und lege sie den Amseln als Futter auf den Weg.

Engerlinge im Rasen

Dabei handelt es sich meist um die Larven der Laubkäfer, zu denen der Gartenlaubkäfer und auch der Maikäfer zählen. Sie sind äußerst lästige Zeitgenossen, denn

arbeiten – und das konsequent und mehrmals. Denn die Vermehrungszyklen der Weißen Fliege laufen bei sommerlichen Temperaturen im Blitztempo. Kaum geschlüpft, legen sie auch schon wieder Eier. Daher müssen diese Mittel alle drei Tage angewandt werden, und das mindestens dreimal in Folge.

Harlekin-Marienkäfer

Bei Nützlingsversuchen in belgischen Gewächshäusern ist der Asiatische Marienkäfer, auch Harlekin-Marienkäfer genannt, entkommen und mittlerweile auch bei uns zu finden. Problematisch ist er, weil er zwar reichlich Blattläuse, aber auch

Der gefräßige Harlekin-Marienkäfer (6–8 mm) wurde erst zum Schädling.

Die Larven (Engerlinge) des schädlichen, braunen Maikäfers (20–30 mm) und des etwas kleineren, harmlosen, grünen Rosenkäfers (15–20 mm) werden oft verwechselt.

sie fressen oft die Wurzeln ganzer Rasen-flächen ab. Der Rasen lässt sich dann wie ein Fertigrasen wegrollen.Hier helfen Nematoden oder Fadenwürmer („Boden-nützlinge"), die nach Sonnenuntergang (UV-empfindlich!) mit der Gießkanne aus-gebracht werden. Sie fressen sich in die Engerlinge und bringen sie zum Abster-ben. Für Menschen und andere (Haus-) Tiere sind sie völlig harmlos.

Handwerklich Geschickte können eine Maikäferfalle bauen: Grellgelbes Plastik so zusammenkleben, dass ein „halber" Trichter entsteht. Eine wassergefüllte Fla-sche mit großer Öffnung aufstellen und den Landeplatz für Maikäfer in die Öff-nung stecken. Die Tiere fliegen auf Gelb und rutschen in die Falle.

Die Larven des kleineren (8–11 mm), schädlichen Gartenlaubkäfers sind auch kleiner (etwa 15 mm) und leben bevorzugt im Rasen.

Die Helfer im Garten: Nützlinge

Sie arbeiten im Untergrund, sie lassen sich tagsüber kaum sehen, sie verschwinden blitzschnell unter dem Laub oder sie gleiten elegant in einen Reisighaufen. Die Rede ist von den Nützlingen im Garten. Jenen Tieren, die uns Gartenbesitzern viel Arbeit abnehmen. Und die letztlich auch „schuld daran" sind, dass dieses Buch den Begriff „für intelligente Faule" in seinem Titel trägt. Je mehr wir nämlich die Nützlinge schonen, desto mehr macht uns der Garten Freude. Und: viel weniger Mühe.

Mit den hier vorgestellten Naturgarten-Elementen geben sich die Nützlinge in Ihrem Garten bald ein Stelldichein – probieren Sie es aus!

Gutes Versteck für Einwanderer: der Totholzhaufen

Nicht bei der Eingangstür oder beim Sitzplatz, sondern am Rand des Gartens – in der Nähe des Komposthaufens oder unter ein paar Sträuchern am Rand des Teichs: Da gehört er hin, der Totholzhaufen. Dort werden all jene Holzteile aufeinandergeschichtet, die von der Natur zerkleinert werden sollen: Wurzelstöcke, Äste und als

Der Totholzhaufen bietet vielen nützlichen Tieren Unterschlupf und Quartier.

„Würze" noch Laub und Reisig. Besonders im Frühjahr und Herbst fällt beim Aufräumen viel von diesen Materialien an. In den Totholzhaufen, die gar nicht groß sein müssen, stellt sich Natur pur ein: Der Igel wird ihn bald als neues Zuhause beziehen, Laufkäfer werden beginnen, das Holz zu zernagen. Blindschleichen und viele andere Reptilien finden Unterschlupf, und alle zusammen werden – als Dankeschön – der Gartlerin und dem Gartler in Zukunft viel Arbeit abnehmen. Sie alle zählen nämlich zu den „Nützlingen", den Helfern im Garten, die dafür sorgen, dass solche lästigen Schädlinge gar nicht erst überhandnehmen.

Sonnengewärmter Unterschlupf: der Steinhaufen

Steine, die aus den Beeten entfernt und am Rand des Gartens aufgeschichtet werden, haben eine ähnliche Funktion wie eine Trockenmauer – Unterschlupf für viele Nützlinge. Eidechsen, Salamander, Blindschleichen und andere Reptilien finden in den Ritzen und Löchern Verstecke und machen sich meist in der Dämmerung auf Beutezug: Schneckeneier, kleine Schnecken, Asseln und vieles andere Getier stehen auf dem Speisezettel dieser Gartenbewohner.

Nur die großen Steine aussortieren

Kleinere Steine bleiben im Boden, denn in einem humusreichen Erdreich verbessern sie die Bodenstruktur.

Das Brennnesseleck – ein Muss für Naturgärtnerinnen und Naturgärtner!

den sich innerhalb weniger Tage die ersten Helfer im Garten einfinden und die Löcher besiedeln. Für andere Nützlinge ist eine alte, gut ausgewaschene und trockene Konservendose, in die (echte) Strohhalme gefüllt werden, ein Quartier. Und die Florfliegen wiederum wollen am liebsten einen Unterschlupf zum Überwintern: in Treppenhäusern und auf Dachböden. Also keine Panik, die zarten – manchmal als „Motten" bezeichneten – Tierchen sind extrem nützlich und haben Blattläuse zum Fressen gern.

Für intelligente Faule: das Brennnesseleck

Für viele Gärtner der alten Schule ist die Brennnessel das Symbol für Unkraut schlechthin. Mittlerweile wissen wir aber: Brennnesseln sind in einem naturnahen Garten sogar sehr wichtige Pflanzen. Einerseits zeigen sie uns, dass der Boden in Ordnung ist – Brennnesseln wachsen nur dort, wo es viel Humus gibt. Andererseits liefern die Blätter Nahrung für Schmetterlingsraupen, können zum Mulchen verwendet werden und sind in Form einer Jauche ein Lebenselixier für viele Pflanzen. Daher dürfen diese einst ungeliebten Pflanzen im Garten des intelligenten Faulen getrost ein Stück Fläche einnehmen.

Das 5-Sterne-Hotel für Nützlinge

Marienkäfer als Blattlaustiger, Schwebfliegen mit großem Appetit auf Schädlinge und dazu noch Florfliegen, die auch die Läuse zum Fressen gernhaben. Wie bringt man all die nützlichen Tiere in den Garten?

Intelligente Faule machen es sich leicht – sie errichten ein Hotel! Keine Baugenehmigung, kein Antrag beim Gemeindeamt, nur ein Stück Hartholz (Buche, Eiche, Akazie etc.) ist nötig, in das mehrere Löcher im Durchmesser von 1–10 mm gebohrt werden. Die Löcher sollten mindestens 5 cm tief sein.

An einer schützenden Hauswand (beispielsweise bei einem Holzschuppen) wer-

Nützlich und ein schöner Hingucker für den Garten: Hier finden zahlreiche Insekten Unterschlupf.

79

Nützlinge unterstützen

Wenn das Frühjahr ins Land zieht, dann sind sie die lautstarken Boten des neuen Gartenjahrs: unsere Singvögel. Doch nicht nur der Gesang ist es, der uns beglückt. Singvögel sind große Schädlingsvertilger. Ob die ersten Blattläuse an den Obstbäumen oder die Raupeninvasion an den Rosen – die gefiederten Freunde halten lästige Schädlinge in Schach. Daher helfen wir gern:

- Nistkästen – so montieren, dass Katzen sie nicht erreichen.
- Vogeltränken – so aufstellen, dass rundherum möglichst viel Freiraum herrscht, damit auch hier Katzen nicht aus dem Versteck heraus die badenden Vögel fangen können.
- Futterhäuschen im Winter – ausschließlich mit Körnerfutter befüllen. Also keine Küchenabfälle, wie Nudeln, Kartoffeln, Brot oder Reis, die noch dazu gesalzen sind und den sicheren Tod der Vögel bedeuten würden.

Marienkäfer

Er gilt als das Symbol für naturgemäßes Gärtnern schlechthin und kann ohne Zweifel gemeinsam mit dem Regenwurm als das Haustier des intelligenten Faulenzergärtners angesehen werden.

Der Marienkäfer ist ein großer Helfer bei der Bekämpfung von Blattläusen. Mehr als

Marienkäfer (6–8 mm), auch Siebenpunkt genannt, und dessen Larve, zählen zu den wichtigsten Nützlingen.

3000 werden im Lauf eines Marienkäferlebens verspeist. Freilich nicht erst als Käfer, sondern schon zuvor als Larve. Diese Larven allerdings sehen nicht so putzig aus wie der Käfer und werden deshalb leider oftmals als Schädling angesehen und vernichtet. Also Vorsicht! Marienkäfer haben viele Gesichter – von der Larve über eine gelbe Form bis zum 27-Punkt-Käfer – insgesamt vermutlich 4000 Arten!

Ohrwürmer

Ohrwürmer sind zwar manchmal lästig, insgesamt aber ganz große Helfer im Garten. Auch ihnen kann man ein Quartier anbieten: Durch einen Tontopf mit einem Durchmesser von 10–12 cm wird eine Schnur durch das Abzugsloch geführt, Holzwolle in den Topf gestopft und am Schnurende ein Holzstück befestigt. Zieht man dann an der Schnur, wird die Holzwolle gut fixiert und der Topf kann verkehrt

Bauen Sie dem braven Ohrwurm (14–23 mm) eine Tontopf-Behausung!

herum an den Baum gehängt werden, sodass der Rand des Topfes den Stamm berührt. Der Topf wird rasch von Ohrwürmern besiedelt, die in der Nacht ausschwärmen und die Läuse fressen.

Wenn Ohrwürmer die Dahlienblüten anfressen

Gibt es zu viele Ohrwürmer, dann kann man die Tontöpfe mit Holzwolle auch als Falle verwenden. Stellen Sie die Töpfe auf Holzstäben direkt zu den befallenen Pflanzen. Die Tiere suchen in der Holzwolle ein Versteck und verbringen dort den Tag, denn sie werden erst nachts aktiv. Auf diese Weise lassen sie sich ganz leicht an andere Stellen im Garten oder in der Umgebung umsiedeln.

Maulwurf

Obwohl er sich durch das Vertilgen großer Mengen an Engerlingen nützlich macht, ist der Maulwurf bei GartenbesitzerInnen unbeliebt – hinterlässt er bei seiner Tätigkeit doch Dutzende Erdhaufen. Im zeitigen Frühjahr sind die Wiesen oft mit den Erdhügeln übersät.

Dennoch: Sehen Sie es positiv, ich versuche es auch. Die lockere Erde der Maulwurfshügel kann als Teil der Blumenerde verwendet werden, und der Rest wird – gemischt mit Quarzsand – gleich mit einem Federbesen verteilt. Anschließend den Rasen walzen, sodass keine Unebenheiten entstehen. Solche Rasenflächen, die dann auch noch ausreichend gedüngt werden, sehen nach drei bis vier Wochen wieder so aus, als wäre der Maulwurf nie da gewesen.

Der Maulwurf ist im Garten zwar nicht immer gern gesehen, sollte aber trotzdem in Ruhe gelassen werden.

Das vertreibt den Maulwurf

Wem es trotzdem zu viel wird, hier ein paar Möglichkeiten, die Maulwürfe zu vergrämen:

- Lärm – zum Beispiel durch Windräder, Wasserleitungsrohre, die in die Erde gesteckt werden und an deren Spitze eine Schnur mit einem Metallgegenstand (Muttern, Beilagscheiben etc.) baumelt. Schlägt der Gegenstand an das Rohr, gibt es einen Ton, den der Maulwurf nicht mag.
- Geruch – zum Beispiel Holunderblatt-Jauche, Fischköpfe oder auch alte Lederschuhe, die vergraben werden. Mit diesen Geruchsattacken trifft man gleich zwei Fliegen mit einem Schlag: Auch die Wühlmaus sucht das Weite.

Laufkäfer

Sie sind scheu und kaum zu sehen; ab und zu findet man die toten Tiere im Keller-schacht, wenn sie abgestürzt sind und sich nicht mehr befreien konnten. Ansonsten leben die nachtaktiven, lichtscheuen Viel-fresser (bis 4,5 cm groß!) unter dem Laub-mulch. Mit ihren kräftigen Beinen können sie gut laufen. Auf dem Speisezettel ste-hen Insekten, die auf oder im Boden leben, etwa Schnecken, Raupen, Kartoffelkäfer, Engerlinge und Drahtwürmer.

Florfliege (Körper 10 mm, mit Flügel-spannweite bis 30 mm) und Larve

Florfliegen

Meist findet man die zarten Wesen mit den filigranen, durchscheinenden Netzflügeln in den Wintermonaten und im zeitigen Frühjahr auf Dachböden oder in Vorhäu-sern. Dann sitzen sie an den Fensterschei-ben, weil sie ins Freie wollen.

Die kleinen Larven kennt man weniger. Während sich die erwachsenen Tiere häu-fig nur von Nektar und Honigtau ernähren, sind die Larven aber räuberisch sehr aktiv. Sie haben zangenähnliche, gebogene Mundwerkzeuge, an denen man sie gut erkennen kann. Mithilfe der hohlen Kiefern-zangen wird die Beute angestochen, fest-

gehalten und ausgesaugt. Bei der Nahrung sind die Florfliegenlarven nicht wählerisch. Neben Blatt- und Blutläusen, Schildläusen und Spinnmilben macht die Florfliegenlarve auch vor jungen Raupen nicht halt und ist damit ein wichtiger Nützling.

Schwebfliegen

Wespenähnlich ist die Körperzeichnung dieses Insekts, das sich aber durch sein Flugverhalten von Wespen einfach unter-

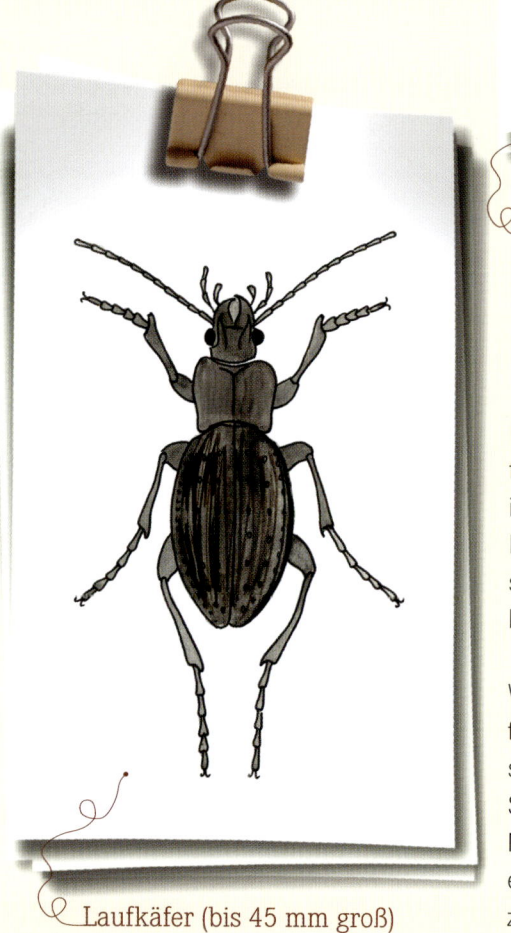

Laufkäfer (bis 45 mm groß)

Schwebfliege (10–12 mm) und Larve

scheiden lässt. Mit sehr schnellen Flügelbewegungen bleibt die Schwebfliege in der Luft stehen, um dann rasch den Standort zu wechseln. Als Nahrung dienen dem erwachsenen Tier Nektar und Pollen blühender Pflanzen, während sich die Larve räuberisch ernährt. Zu den Hauptnahrungsquellen gehören Blattläuse, aber auch andere Blattsauger und Spinnmilben. Oft werden die Schwebfliegenlarven fälschlicherweise als Schädlinge bekämpft. Wer sie erkennt, sollte sie nicht töten, sondern sich über ihre Anwesenheit freuen.

Die Larven können in ihrem Aussehen sehr unterschiedlich sein. Ihre Farben reichen von durchsichtig grünlich bis zu bräunlich, während ihre Form oft mit kleinen Nacktschnecken verglichen wird. Da die Larven keine Augen besitzen, bewegen sie ihren Vorderkörper kreisförmig, um die Beute ertasten zu können.

Räuberische Wanzen

Neben den pflanzenschädigenden Wanzenarten gibt es auch solche mit räuberischer Lebensweise, die uns im Garten durchaus nützlich sind. Sie sind hauptsächlich unter den Blumenwanzen, Sichelwanzen, Weichwanzen und Baumwanzen zu finden. Auf dem Speiseplan räuberischer Wanzen und deren Larven stehen vorzugsweise Spinnmilben, Blattläuse, Zikaden und andere kleine Insekten sowie deren Eigelege. Mithilfe eines kräftigen Rüssels werden die Opfer erdolcht und ausgesaugt. Manche Arten besitzen Stinkdrüsen, die bei Gefahr den typischen Wanzengeruch verbreiten oder als Kontaktgift andere Insekten schädigen oder töten können.

oben links: Blumenwanze (3–5 mm)
und rechts: Sichelwanze (6–7 mm),
darunter links: Weichwanze oder
Wiesenwanze (6–7 mm)
und rechts: Baumwanze (12–14 mm)

Die nützliche Florfliege ist ein zartes, elegantes Wesen.

Die lästigsten Krankheiten

Auch gegen das Auftreten verschiedener Pflanzenkrankheiten wird man am besten vorbeugend aktiv. „Die Abwehrkräfte der Pflanzen verbessern" – lautet das Motto, das sich mit pflanzenstärkenden Brühen in die Tat umsetzen lässt. Die meisten der im Handel erhältlichen biologischen Spritzmittel können aber ohnehin nur vorbeugend angewendet werden.

Pilzkrankheiten

Pilzkrankheiten, wie Grauschimmel, Mehltau, Rost und Sternrußtau, sind auf einen falschen Standort oder falsche Pflege zurückzuführen. Gerade hier ist also vorbeugender, vorausschauender Pflanzenschutz besonders wichtig. Daneben helfen auch Spritzungen mit Schachtelhalm-Brühe. Sie stärken die Abwehrkräfte durch ihren hohen Kieselsäureanteil. Im Handel sind sehr viele biologische Spritzmittel erhältlich, die jedoch nur im Notfall verwendet werden sollten.

Luft muss zu den Pflanzen!

Setzen Sie die Pflanzen nicht zu eng, damit die Luft nicht stickig und feucht wird. Gießen Sie immer zu den Wurzeln und benetzen Sie dabei nicht die Blätter!

Echter und Falscher Mehltau

Zunächst heißt es schon bei der Auswahl der Pflanzen auf die Resistenz achten. Beschreibungen wie „minder anfällig für Mehltau" helfen gesunde Sorten auszuwählen. Ganz wichtig ist bei Mehltau die Nährstoffversorgung. Wer zu viel Stickstoff düngt, erhöht die Gefahr einer Mehltauerkrankung deutlich. Ist es passiert, dann kranke Blätter immer sofort entfernen und vernichten. Vorbeugend mit Schachtelhalmtee sprühen.

Echter (oben) und falscher Mehltau

Blattunterseite

Grauschimmel

Grauschimmel

Grauschimmel ist fast immer ein Problem, das durch falsche Pflege aufgetreten ist. Wer im Gewächshaus oder Wintergarten gießt und nicht lüften kann, weil es zu kalt ist, legt die beste Grundlage für diese Pilzerkrankung. Genauso problematisch ist stehende feuchte Luft im Frühbeet. In bewegter Luft gibt es aber kaum Grauschimmel. Daher Ventilatoren aufstellen! Hat sich die Krankheit breitgemacht: kranke Pflanzenteile sofort entfernen, Pflanzen „luftiger" stellen und nicht zu stark düngen.

Rost und Sternrußtau

Diese beiden Pilzkrankheiten befallen meist Rosenblätter. Abhängig ist die Intensität vor allem von der Witterung, der Sorte (ADR-Rosen gelten als weniger anfällig) und der Düngung. Entfernen Sie immer wieder alle kranken Pflanzenteile, im Herbst auch alle abgefallenen Blätter, damit eine Neuinfektion verhindert wird. Beim Schnitt heißt es: „kranke" Rosen stärker schneiden, denn sie wachsen sich gesund.

Pfirsichblätter mit Kräuselkrankheit

Kräuselkrankheit beim Pfirsich

Ob Nektarine oder Pfirsich – beide Obstarten werden von der Kräuselkrankheit befallen.

Keinesfalls stimmt die manchmal gehörte Vermutung, dass der „saure Regen" die Kräuselkrankheit verursacht. Die Pilzsporen werden lediglich durch die Wassertropfen des Regens übertragen. Deshalb hat es sich in klimatisch problematischen Gebieten bewährt, die Pfirsichbäume als Hauswandspalier unter dem Dachvorsprung zu kultivieren. Spritzungen mit Kupfer – das auch im Biogartenbau zugelassen ist – reduzieren das Problem deutlich. Bis zum „Mausohrstadium" – das ist dann, wenn sich bei den Knospen die ersten beiden Blätter öffnen – darf Kupfer gespritzt werden. Später würde es die Blätter schädigen.

Kraut- und Braunfäule

siehe Tomaten Seite 46

Welkekrankheit

Über Nacht sind Teile der Pflanzen oder auch ganze Bäume davon befallen. Die Ursachen sind unterschiedlich – oft handelt es sich aber um sogenannte Verticillium-Erreger, die über verletzte Wurzeln oder andere Pflanzenteile vom Boden ausgehend in die Saftbahnen eindringen und sie verstopfen. Häufig bemerkt man die Welkekrankheit bei Fächerahorn, Marille, Kirsche oder auch Judasbaum und Perückenstrauch. Vorbeugen ist hier

Welkekrankheit

Blattunterseite

Rost (oben) und Sternrußtau

das Wichtigste: daher optimale Wachstumsbedingungen schaffen. Keine zu nassen Böden und beim Pflanzen und späteren Bodenbearbeiten die Wurzeln nicht beschädigen. Befallene Teile bis ins gesunde Holz zurückschneiden. Im schlimmsten Fall die gesamte Pflanze entsorgen.

Resistente Sorten

Die beste Abwehr von Pilzkrankheiten ist die richtige Sortenwahl. Warum sich unnötig mit empfindlichen Pflanzen plagen? Der Hinweis am Etikett „weitgehend resistente Sorte" hilft Ärger zu vermeiden.

Schrotschusskrankheit

Ob Zierkirsche, Kirschlorbeer oder die ganz normalen Kirschbäume – in manchen regenreichen Jahren werden sie von dieser Pilzkrankheit befallen. Viele meinen fälschlich, es handle sich um Schädlinge, da die Blätter wie nach einem Schrotschuss durchlöchert sind. Tatsächlich aber lässt der Pilz zunächst das Blattgewebe kreisförmig vertrocknen, später fallen diese Teile heraus. Dagegen wirkt die richtige Sortenwahl und bei kleineren Gehölzen das vorbeugende Spritzen mit Schachtelhalmtee. Ausgewogene Düngungen – unter anderem mit Kalium, das die Blattstrukturen stärkt – sind ebenfalls sinnvoll. Befallenes Laub im Herbst kann kompostiert werden – allerdings gut abgedeckt, damit es erst nach eineinhalb Jahren wieder als Erde zu den Pflanzen kommt.

Blattunterseite

Malvenrost

Malvenrost

So herrlich die Stockrosen sind, spätestens im zweiten Jahr befällt sie der sogenannte Malvenrost mit dunklen, meist rötlichen Pusteln an der Blattunterseite. Zu Beginn kann die Krankheit durch Entfernen der Blätter eingedämmt werden. In feuchten Jahren breitet sie sich aber extrem stark aus. Schachtelhalmtee hilft auch hier, besser ist es aber, die Pflanzen im Bereich des Hauses – am besten unter den Dachvorsprung und damit vor Regen geschützt – zu setzen. Eine neue, ausdauernde Stockrosen-Sortenreihe unter den Namen 'Parkfrieden' (hellrosa), 'Parkrondell' (rosa) und 'Parkallee' (hellgelb) werden vom Malvenrost nicht befallen.

Schrotschusskrankheit

Feuerbrand

Der Feuerbrand ist eine der gefährlichsten Krankheiten und kommt auf den Rosengewächsen Apfel, Birne, Quitte, Eberesche, Elsbeere, Mispel, Cotoneaster, Weiß- und Rotdorn, Feuerdorn, Felsenbirne und Apfelbeere vor.

Die Krankheit wird durch ein Bakterium verursacht, gegen das bis heute noch keine geeignete Bekämpfungsmaßnahme gefunden werden konnte. Die Infektion erfolgt über den Bakterienschleim, der im Frühjahr aus infizierten Stellen der Pflanzen austritt und dann von Insekten, Wind, Hagel oder den Menschen, etwa durch Werkzeuge oder Kleidung, vertragen wird. Das Bakterium kann über die Blüte oder junge unverholzte Triebe in gesunde Pflanzen eindringen.

Gefahr während der Blütezeit!

Die Hauptinfektionszeit für den Feuerbrand ist während der Blüte. Wenn zusätzlich auch noch warmes, feuchtes Wetter herrscht, kommt es zu zahlreichen Neuinfektionen.

Feuerbrand erkennen

Blätter und Blüten welken und verfärben sich braunschwarz. Die welkenden Blätter weisen dunkel gefärbte Hauptadern auf und bleiben auch im Winter auf den Pflanzen hängen. Erkrankte junge Triebe krümmen sich hakenförmig nach unten und verfärben sich ebenfalls braunschwarz.

Das typischste Merkmal – obwohl es nur selten zu auftritt – für den Feuerbrand ist es, wenn man Schleimtropfen an den befallenen Trieben findet.

Nicht jeder tote Ast ist ein Feuerbrandopfer

Abgestorbene Blütenbüschel und Triebe ohne diese Schleimtropfen sind meist auf Monilia zurückzuführen; bei der Birne kann es durch Triebwespen zu ähnlichen Symptomen kommen. Man findet jedoch beim jungen Trieb dann kleine Einstichlöcher. Frostschäden, Wassermangel, aber auch Wühlmäuse können an jungen Bäumen manchmal ähnliche Symptome hervorrufen. Ganz wichtig: Für Menschen und Tiere besteht absolut keine Gefahr!

Feuerbrand

Feuerbrand ist eine bakterielle Erkrankung – eine gesunde Birne wie diese ist bei Befall kaum mehr zu retten. Aber nicht jeder tote Ast bedeutet Feuerbrand!

Gebrühtes für gesunde Pflanzen

„Gegen alles ist ein Kraut gewachsen!" Das gilt nicht nur für uns Menschen, sondern auch für Gemüsepflanzen und Blumen, denn viele Krankheiten und Schädlinge an den Pflanzen im Garten lassen sich verhindern oder reduzieren, wenn man ihnen mit Brühen, Tees und Jauchen zu Hilfe kommt.

Brühe aus Schachtelhalm

Im Garten ist der Acker-Schachtelhalm (Equisetum arvense), auch Zinnkraut genannt, ein lästiges Unkraut. Zur Pflanzenstärkung leistet er allerdings gute Dienste: Ein Kilogramm gehacktes Pflanzenmaterial auf zehn Liter Wasser geben, einen Tag einweichen und die Mischung anschließend etwa eine halbe Stunde lang köcheln lassen. Die abgekühlte Brühe durch eine Stoffwindel filtern und in fünffacher Verdünnung auf die Blätter sprühen.

Dank des Kieselsäuregehalts wirkt die Brühe vorbeugend gegen Blattkrankheiten aller Art, am besten wird sie vom Austrieb bis zum Spätsommer in regelmäßigen Abständen von etwa zwei Wochen ausgebracht. Gespritzt wird in den Morgenstunden, da die Pflanzen die Säure besser über das Blatt aufnehmen können, wenn sie assimilieren.

Brennnessel-Jauche

Sie ist eine der bekanntesten Jauchen und erhöht die Widerstandskraft aller Gartenpflanzen. Für die Jauche benötigen Sie pro zehn Liter etwa ein Kilogramm frische Brennnesseln (Urtica dioica). Das Ganze lässt man etwa 14 Tage „gären" und bringt es dann, sobald der Schaum verschwunden ist, 1 : 10 verdünnt im Wurzelbereich aus.

Der Brennnessel-Auszug („Brennnessel-Wasser") wird gegen Blattläuse angewendet. Wichtig ist, dass er nicht länger als zwölf Stunden steht und anschließend sofort unverdünnt gespritzt wird.

Beinwell-Jauche

Eine Jauche aus Beinwell (Symphytum officinale) wird wie Brennnessel-Jauche mit etwa einem Kilogramm frischen Blättern pro zehn Liter Wasser angesetzt, vergoren und in zehnfacher Verdünnung im Wurzelbereich ausgebracht. Sie hat eine ähnlich pflanzenstärkende Wirkung, enthält aber mehr Kalium als Brennnessel-Jauche und eignet sich für kaliumbedürftige Pflanzen wie Tomaten oder Kartoffeln.

Rainfarn-Brühe

Der Rainfarn (Tanacetum vulgare) wird auch als Brühe verwendet. Man setzt sie aus 500 Gramm Rainfarn-Blättern und zehn Litern Wasser an. Mit der doppelten Menge Regenwasser verdünnt, wird sie gleich nach der Blüte und nach der Ernte gegen Erdbeerblütenstecher, Erdbeermilben, Himbeerkäfer und Brombeermilben ausgebracht. Rainfarn-Jauche wirkt gegen die Eier und überwinternden Schädlinge.

Jauche aus Beinwell stärkt die Pflanzen.

Rainfarn beugt Schädlingen und Krankheiten vor.

Was ist was?

Brühen: Die zerkleinerten Pflanzen für etwa 24 Stunden in Regenwasser einweichen und anschließend für ca. eine halbe Stunde köcheln lassen. Nach dem Abkühlen werden die Pflanzenreste ausgesiebt und die Brühe möglichst umgehend ausgebracht.

Jauchen sind vergorene Pflanzenbrühen. In großen Fässern (aus Holz oder Plastik, kein Metall) werden die zerkleinerten Pflanzen mit Regenwasser zumindest zwei Wochen vergoren. An einem sonnigen Platz beginnt die Brühe schnell zu gären – sichtbares Zeichen ist eine Schaumkrone, die Zugabe von etwas Steinmehl verringert den Gestank.

Kräutertees: Frische oder getrocknete Pflanzen mit kochendem Wasser übergießen und die Mischung bis zum Abkühlen in einem geschlossenen Gefäß stehen lassen.

Auszüge: Die zerkleinerten Kräuter rührt man abends in kaltes Regenwasser und lässt die Mischung über Nacht stehen. Am nächsten Morgen sollte der frische Auszug nach dem Aussieben der Kräuter direkt verwendet werden.

Wermut-Jauche

300 Gramm der frischen oder 30 Gramm der getrockneten Wermutblätter *(Artemisia absinthium)* pro zehn Liter Wasser ansetzen und die gefilterte Jauche im Frühling unverdünnt gegen Blattläuse, Rostpilze und Ameisen spritzen. Als Brühe kann man Wermut im Frühsommer gegen Apfelwickler und Kohlweißlingsraupen, im Herbst gegen Brombeermilben anwenden.

Jauche aus Zwiebeln und Knoblauch

Eine Jauche aus Zwiebeln und Knoblauch hilft gegen Pilzkrankheiten. Dazu ½ kg Zwiebeln und ½ kg Knoblauch mitsamt

Wermut wirkt gegen Blattläuse, Apfelwickler, Kohlweißling u. a. m.

dem Laub in zehn Liter Wasser ansetzen und 1 : 5 verdünnt auf Baumscheiben und Beete gießen. Gegen Kraut- und Braunfäule können Sie die gefilterte Jauche auch in zehnfacher Verdünnung direkt auf die Blätter Ihrer Tomaten und Kartoffeln spritzen.

Planung
ist das halbe Gärtnerleben

Greifen Sie bei der Neuanlage eines Gartens nicht sofort zur Schaufel, sondern zuerst zum Bleistift und konzipieren Sie den Garten sorgfältig – so haben Sie einen klaren Startvorteil! Wer sich davon überfordert fühlt, sollte unbedingt Fachleute hinzuziehen. Geld und Zeit in eine gute Planung zu stecken, lohnt sich über die Jahre ganz sicher, und es spart Ärger und Mühe.

Rund um das Haus hat der Boden oft besonders gelitten. Durch Boden-
lockerung, Sand und Kompost lässt sich die Struktur wieder verbessern.

Standort und Licht-einfall

Behandeln Sie Ihren Gartenboden gut und „treten Sie ihn nicht mit den Füßen"! Gerade beim Hausbau passieren hier Todsünden. Oft wird bedenkenlos rund um die Baustelle mit den schwersten Geräten gearbeitet und damit die Erde auf Jahre, ja Jahrzehnte verdichtet. Daher gilt: Den Boden mit einem Schaufelbagger bis in große Tiefe lockern. Bei starker Verdichtung Sand einarbeiten und in die oberste Schicht Kompost einfräsen – das belebt den Boden und gibt allen Pflanzen eine Starthilfe.

Hängende Gärten auf steilem Gelände

Je nachdem, wie man die Fläche nutzen will – ob intensiv oder extensiv, ob hinter dem Haus oder an der Sonnenseite –, die Gestaltung richtet sich danach. Hinter dem Haus, wenn eine Hangbefestigung mit Zierpflanzen das Ziel ist, haben sich Blüten- und Wildsträucher bewährt. Schlehen oder Sanddorn festigen mit ihren Ausläufern perfekt den Boden. Niedriger wächst die Kartoffelrose (Rosa rugosa). Sie treibt ebenfalls Ausläufer und duftet herrlich. An der Sonnenseite des Hauses gliedern und festigen Trockensteinmauern mit Terrassen den Hang. Hier können die Funktionen unterschiedlich sein: mal Ziergarten, mal Gartenreich für die Kinder, mal Gemüse- oder Obstgarten.

Viel Sonne, wenig Sonne

Es gibt eigentlich kein „Zuviel", sondern man bekommt halt immer genau von dem, was man will, zu wenig. Wer einen vollsonnigen Garten hat, weil nach dem Hausbau noch die großen Gehölze fehlen, sehnt sich nach Schatten. Kommt ein Garten dann in die Jahre und sind die Bäume sprichwörtlich in den Himmel gewachsen, vermisst man die Sonnenstrahlen.

Die Mischung macht es letztlich aus, denn mit beiden Extremen kann man herrliche Gartenbereiche gestalten. Rosen und Sommerblumen würden ohne volle Sonne dahinkümmern, während die zarten Farne fast nur im Schatten vorkommen – mit dem Vorteil, dass hier weniger gegossen werden müssen. In den Übergangszonen lassen sich natürlich die meisten Gartenideen verwirklichen.

Schatten im Garten

Schattige Stellen im Garten oder auf Balkon und Terrasse gehören für viele Gartenbesitzer zu den Problemzonen. Vor allem deshalb, weil Pflanzen gesetzt werden, die eigentlich sonnige Plätzchen lieben. Und so beginnen sie zu kümmern oder werden von Schädlingen und Krankheiten heimgesucht. Dabei gibt es eine enorme Auswahl an Gewächsen, die sich im Schatten pudelwohl fühlen.

Kein Plätzchen unter Bäumen oder hinter dem Haus sollte ohne Frauenmantel *(Alchemilla mollis)* sein. Die duftigen, gelbgrünen Blüten bringen Leben in das sonnenferne Grün. Für mehr Farbe sorgen auch vielerlei Storchschnabelgewächse *(Geranium* sp.*)*, ebenso Günsel *(Ajuga reptans)* und Waldsteinie *(Waldsteinia ternata)*.

Blickfang sind im Mai und Juni Rhododendren und Azaleen, später Funkien *(Hosta* sp.*)*. Hier sind es vor allem die Blätter, die eine eindrucksvolle Wirkung zeigen. Ob grün-weiß gerändert oder blaugrün – vom Frühjahr bis zum Herbst sorgen sie

Blumenbeet in voller Sonne – hier fühlen sich die einjährigen Sommerblumen wohl.

So zauberhaft kann ein Schattenbeet im Frühling aussehen – mit Farnen, Hostas und den blauen Hasenglöckchen *(Hyacinthoides non-scripta)*.

porösen Schläuche werden beim Anlegen des Schattenbeets in die oberste Erd- oder Mulchschicht vergraben und von Zeit zu Zeit für mehrere Stunden eingeschaltet.

Ein Unkraut als Zierde

Der Erdholler – auch Giersch *(Aegopodium podagraria)* genannt – gilt als eines der lästigsten Unkräuter im Garten, da er sich durch sein dichtes Wurzelwerk stark vermehrt. Es gibt aber zwei Sorten, die mit panaschierten Blättern den Boden in schattigen Bereichen bedecken – mit weiß gerandeten Blättern *(A. podagraria* 'Variegatum'*)* und die Sorte 'Gold Marble' mit gelb gerandeten Blättern. Diese Pflanzen wuchern bei Weitem nicht so stark wie die Wildform. Besonders schön sind sie, wenn sich die großen weißen Blüten bilden.

für eine malerische Kulisse. Auch der blau blühende Eisenhut *(Aconitum sp.)*, der Fingerhut *(Digitalis sp.)* oder das Schaublatt *(Rodgersia sp.)* sollten in einem schattigen Gartenbereich nicht fehlen. Als Bodendecker eignen sich Efeu *(Hedera helix)*, Taubnesseln *(Lamium maculatum)* und Lungenkraut *(Pulmonaria sp.)*.

Schattengewächse lieben Feuchtigkeit

Für die meisten Schattenstauden sollte der Boden humusreich und gleichmäßig feucht sein. Unter großen Bäumen und dichten Sträuchern müssen Sie aus diesem Grund regelmäßig gießen oder eine automatische Bewässerung in Form eines Perlschlauchs installieren. Die frostfesten,

Wie im Wald

Um den Pflanzen eine „waldähnliche" Umgebung zu bieten, sollte der Boden mit einer Schicht Rindenhumus abgedeckt sein. Sobald die Stauden gut eingewurzelt sind, kann auch Rindendekor verwendet werden, allerdings muss dann immer regelmäßig gedüngt werden, da die Rinde beim Verrotten Stickstoff im Boden bindet und ihn so den Pflanzenwurzeln „wegnimmt".

Rindenhumus sorgt für waldähnliche Bodenbedingungen.

Nässe oder Trockenheit

Ob ein schottriger, trockener oder ein humoser, aber feuchter Boden – die passenden Pflanzen gibt es. Schon die „Unkräuter", die sich ansiedeln, zeigen uns das. Daher nicht verzagen und ganz „intelligent und faul" den feuchten Boden mit heimischen Sumpfpflanzen wie Sumpfiris *(Iris pseudacorus)*, Sumpf-Dotterblume *(Caltha palustris)* und anderen begrünen. Die Schotterflächen dagegen mit trockenheitsliebenden Pflanzen wie Königskerze *(Verbascum sp.)*, Nachtkerze *(Oenothera sp.)* oder der besonders schön blühenden Spornblume *(Centranthus ruber)*.

Trockener, steiniger Boden? Freuen Sie sich darüber, denn hier ist Platz für die zauberhaften Königskerzen.

Nachgefragt

Gibt es Rosen für den Schatten?

Nein. Aber es gibt schattentolerante Rosen. Mein Favorit ist die Strauch- bzw. Kletterrose 'Gishlain de Feligonde'. Sie wächst auch bei nur drei bis vier Sonnenstunden am Tag noch gut und , wird maximal drei Meter hoch und blüht fantastisch: Im Aufblühen sind die Blüten orange, dann färben sie sich gelb und zum Abschluss endet die Pracht mit weißen Blütenblättern.

Kann man an einer sumpfigen Stelle im Garten ein Moorbeet anlegen?

Wenn ein Moorbeet im landläufigen Sinn gemeint ist, also eines mit Rhododendren und Azaleen, dann nicht. Diese Pflanzen werden zwar Moorbeetpflanzen genannt, gemeint ist aber damit vor allem die Tatsache, dass sie einen weitgehend kalkfreien Boden benötigen. Staunässe ist für diese Pflanzen tödlich. Wenn Sie aber eine heimische Sumpfwiese mit Pflanzen wie dem Wollgras oder dem kleinen Rohrkolben anlegen wollen, dann ist das kein Problem.

Gibt es Pflanzen, die unter den Rhododendren wachsen?

Gleich mehrere fühlen sich dort wohl: schattenverträgliche Storchschnabel oder an einer etwas sonnigeren Stelle der Blaue Scheinmohn (Himalaya-Mohn). Besonders attraktiv ist aber der Wald-Phlox *(Phlox divaricata)*, der im April und Mai duftende Blüten trägt.

Zwischen Gehsteig und Gartenzaun ist ein Schotterstreifen – wächst dort etwas?

Ganz bestimmt. Vor allem dann, wenn dieses „Kiesbeet" in der Sonne liegt. Pflanzen wie Dachwurz, Thymian, aber auch viele andere trockenheitsliebende Gewächse fühlen sich hier wohl und breiten sich rasch aus.

Gibt es Farne für die Sonne?

Ja, zum Beispiel den Wurmfarn, der zwar einen großen Ausbreitungsdrang besitzt, aber auch in Trockensteinmauern perfekt gedeiht. In der ersten Wachstumsphase benötigt aber auch er ausreichend Wasser.

Maiglöckchen als Bodendecker unter Himbeeren – werden die Beeren giftig?

Eine Frage, die immer wieder gestellt wird: Wenn giftige Pflanzen neben essbaren stehen, ist ganz und gar keine Gefahr gegeben. Maiglöckchen unter Himbeeren sind im Gegenteil ideale Bodendecker und halten den Boden feucht. Sie vertragen auch die jährliche dünne Kompostgabe gut.

Gartenteich als Biotop

Gartenteiche gehören zu den beliebtesten Gartenelementen und können im Garten zur Natur-Oase werden. Wichtig ist die rechtzeitige Planung des Gartenteichs, am besten erledigen Sie schon beim Hausbau die groben Erdarbeiten. Händisches Erdeschaufeln und -transportieren ist Schwerstarbeit. Deshalb werden viele Teiche letztlich doch kleiner als geplant – die Mühe für einen größeren und tieferen Teich ist zu groß. Wer die Schwerarbeit anderen überlassen möchte: Für Gartengestalter ist das Teichbauen mittlerweile zum Alltag geworden. Bauen Sie auf die Erfahrung der Profis. Viele von ihnen haben bereits jahrzehntelange Erfahrung und aus den Fehlern der Anfänge einiges gelernt.

Wie macht es die Natur?

Beobachten Sie Teiche und Tümpel in der Natur und ziehen Sie Ihre Schlüsse daraus für den eigenen Gartenteich, dann funktioniert das Biotop Teich auch bei Ihnen bestens.

Tipps für den Teichbau

• Verwenden Sie Sand als Schutzschicht zwischen dem Untergrund und der Folie, bei sehr steinigem Boden auch Geovlies. So ist der beste Schutz für die Folie gegeben. Das spart später viel Mühe und Ärger, wenn ein Leck gesucht werden muss.

• Bestellen Sie die Teichfolie erst nach dem Ausheben der Grube. So wird gemessen: An der breitesten und längsten Stelle eine Schnur exakt nach der Bodenform in den späteren Teich legen. Dann kann die Bodenform leicht berechnet werden. Als Überstand zählt man einen halben Meter je Seite hinzu.

• Bepflanzen Sie den Teich möglichst vielfältig und naturnah. Zumindest eine Seite des Teichs darf ein wenig „wilder" aussehen und einen Übergang zur Blumenwiese oder einer Wildsträucherhecke bilden. Nährstoffarme Teicherde kommt nur beim Pflanzen in den Teich. Ansonsten sind Kies, grober Schotter und große Steine das Füllmaterial.

• Befüllen Sie den Teich, wenn irgendwie möglich, mit Regenwasser. Steht nur Leitungswasser zur Verfügung, dann füllen Sie es beinahe drucklos ein, damit nicht zu viele Schwebstoffe aufgewühlt werden.

• Überlassen Sie den Teich sich selbst und bleiben Sie gelassen. Nur ganz große Algenteppiche werden abgefischt, der Rest verschwindet mit zunehmendem Pflanzenwachstum. Die Natur heilt mehr, als wir Menschen denken!

Viel Arbeit, die sich aber lohnt – ein Teich ist die Krönung des Gartens.

Der ideale Platz für den Teich

Teiche – vor allem Biotope – sollten grundsätzlich im Halbschatten liegen. Nur so können übermäßige Erwärmung und damit ungezügeltes Algenwachstum vermieden werden. Ein Gehölzrand entlang einer Uferseite bietet die ideale Kulisse. Denken Sie beim Standort an die Tiefe des Teichs und die flachen Ufer. Sie werden beim Skizzieren schnell feststellen, dass selbst ein „Minisee" viel Platz in Anspruch nimmt, wenn er möglichst naturnah angelegt werden soll.

Die Sumpfschwertlilie *(Iris pseudacorus)* wächst am Teichrand und in der Flachwasserzone.

Nachgefragt

Kann man Tiere für die Besiedelung des Teiches kaufen?

Nein, und das sollte man auch nicht: Viele Tiere, wie Libellen, finden sich schon nach einigen Stunden am neu entstandenen Wasser ein. Die nützlichen Wasserschnecken werden meist mit den Pflanzen eingeschleppt, Frösche warten nur darauf, die neue „Eigentumswohnung" beziehen zu können. Goldfische sollten niemals in einen Gartenteich eingesetzt werden. Sie fressen nicht nur Froschlaich, sondern verursachen durch ihre Ausscheidungen meist starkes Algenwachstum.

Wie wird man den Seerosenkäfer los?

Der Seerosenkäfer ist gerade in den letzten Jahren sehr aktiv geworden. Weder biologische noch chemische Produkte sind zugelassen bzw. möglich, weil ja sonst das Tierleben des Teiches in Mitleidenschaft gezogen wird. Die beste Methode ist es, die kleinen Eigelege, die im Frühjahr auf den Blättern zu finden sind, mit dem scharfen Strahl des Gartenschlauchs abzuspritzen.

Soll man Teichpflanzen abschneiden?

Ja, unbedingt. Entweder im Spätherbst oder im zeitigen Frühjahr. Binsen, Rohrkolben oder Schilf lassen sich aber am besten entfernen, wenn der Teich fest zugefroren ist. Mit Schere oder der Sense die Pflanzen einfach abschneiden und entfernen.

Warum soll man Räumgut neben dem Teich liegen lassen?

Viele Tiere werden beim Abfischen mit den Pflanzen „an Land" gebracht. Lässt man dieses Räumgut einige Tage neben dem Teich liegen, sind die Überlebenschancen für Libellenlarven und Co deutlich höher.

Libellen sind gern gesehene Gäste am Teich.

Ein „englischer Prachtrasen" lässt sich nur an sonnigen Standorten verwirklichen. Bleiben Sie gelassen, so perfekt muss es nicht sein.

Rasen und „blumige" Alternativen

Der Rasen, das unbekannte Wesen: Er ist der ganze Stolz vieler Hausbesitzer oder „nur" das Stückerl Grün rund ums Haus. Es wird gemäht, vertikutiert, gedüngt und oft auch gejammert, wenn Moos, Unkraut oder gar nur noch kahle Erde dominieren.

Erste Hilfe beim Zierrasen

Der grüne Rasen gehört zu fast jedem Garten dazu, bereitet aber auch oft einen Großteil der Gartensorgen und -arbeiten.

Im tiefen Schatten, unter Bäumen, hinter hohen Mauern oder dort, wo der Boden staunass und verdichtet ist, wächst der Rasen prinzipiell nicht. Selbst wenn man spezielle Schattenrasenmischungen aussät, wird man hier nur bedingt Erfolg haben. Der wirklich schöne, sattgrüne Rasen ist und bleibt ein Sonnenkind und braucht humosen, durchlässigen Boden.

Selbstdüngender Rasen

Ein Rasen, der sich selbst düngt, den gibt es tatsächlich: Er ist mit „Mikro"-Klee gemischt, den man kaum sieht und der ab dem zweiten Jahr den Boden mit Stickstoff versorgt, so wie das der Klee, der zu den Leguminosen zählt, generell tut.

Rasen richtig düngen

Für einen grünen, dichten Rasen, der auch so manche Fußballattacke der Kinder oder Sommerfeste im Garten überstehen soll, muss ausreichend gedüngt werden. Wichtig dabei ist die richtige Düngerwahl: Verwenden Sie keine rasch wirkenden Dünger, die bei falscher Dosierung ein enormes Wachstum und meist auch Verbrennungsschäden hervorrufen, sondern Langzeit-Rasendünger. Diese wirken bis zu vier Monate und sorgen für konstantes, dichtes Wachstum.

Boden lockern

Ist der Boden unter dem Rasen verdichtet, hilft es, im Frühjahr Kompost und Quarzsand im Verhältnis 1 : 1 bis 2 : 1 aufzustreuen.

„Unkraut" im Rasen

Der Naturgärtner freut sich über Löwenzahn, Gundelrebe und Co. Sie alle kann man in der Küche verwenden – für köstliche Wildkräutersalate oder z. B eine Wildkräuterbutter. Wer einen dichten grünen Rasenteppich will, muss aber etwas dagegen unternehmen: Nach dem ersten Mähen vertikutieren, dann absanden und sofort düngen. Damit kräftigt man die Gräser, die so die Unkräuter unterdrücken können. Ist kaum Gras vorhanden, muss man den Rasen neu anlegen.

Sind Löwenzahnblüten Unkraut oder willkommene Schönheit? Ansichtssache!

Die Garten-Blumenwiese

Wenn's mit dem Rasen einfach nicht klappen will, gibt es eine wunderbare Alternative – die Blumenwiese im eigenen Garten. Was eine Blumenwiese in der Natur von einer im Garten unterscheidet? Vieles. Denn echte Blumenwiesen sind das Ergebnis einer jahrzehntelangen Entwicklung. Ob zarte Bergblumenwiesen oder Blütenvielfalt auf Feuchtwiesen, ob Trockenrasen oder blühende Waldlichtungen. Solche natürlichen Landschaften kann man im Garten kaum gestalten, und so müssen wir mit der „Garten"-Blumenwiese vorliebnehmen, die aber auch ein prächtiger Blickfang sein kann.

Ein bestehender Rasen wird leider nur mit sehr viel Mühe zu einer schönen Blumenwiese. Nur wer den Boden abmagert (Humus entfernen, Sand aufstreuen), kann damit rechnen, eine blühende Wiese zu bekommen.

Mager macht bunter

Je magerer der Boden ist, desto besser. Die beste, aber auch radikalste Methode ist es, mit einem kleinen Bagger die gesamte Humusschicht zu entfernen und Sand einzufräsen. Auf normalem, nährstoffreichem Gartenboden fühlen sich Wiesenblumen absolut nicht zu Hause. Wandelt man den Rasen also in eine Blumenwiese um, wird nie mehr gedüngt. Außerdem sollte beim jährlichen Vertikutieren reichlich Sand aufgetragen und der Boden belüftet werden, denn Staunässe verzeihen die meisten Wiesenblumen nicht.

Nachgefragt

Je kürzer gemäht, desto schöner der Rasen?

Genau das Gegenteil ist der Fall! Wird zu kurz gemäht, gewinnt das Unkraut mit Sicherheit die Oberhand. 3–4 cm hoch (etwa Stufe III beim Rasenmäher) sollte der Rasen allwöchentlich gemäht werden. Damit sind die zarten Graspflänzchen in der Lage, das Unkraut zu unterdrücken.

Ist ein schöner Rasen ohne Chemieeinsatz möglich?

Natürlich! Seit Jahren pflege ich ein Stück meines Rasens ausschließlich mit organischem Rasendünger. Der Rasen ist so perfekt, dass meine Gäste ihn oft für frisch verlegten Rollrasen halten. Ich dünge dreimal: im Frühjahr, im Sommer und – ganz wichtig – auch im Herbst, Ende September („Kali"-betont).

Gras ist nicht gleich Gras – oder?

Leider ist das so! Billigsaatgut wird auch nach Jahren nicht zum perfekten Rasen. Millionen von Euro werden alljährlich von den diversen Rasenforschungsinstituten investiert, um jene Rasenpflanzen zu finden, die kompakt, aber nicht zu stark wachsen, die eine perfekte Grünfärbung haben und noch dazu gesund bleiben. Daher gilt hier, wie leider so oft: Gutes Rasensaatgut ist teuer.

Saatgut vom Fachmann

Fertige Saatgutmischungen enthalten oft sehr viele Gräser (die sind billig) und Blumen, die nur im ersten Jahr blühen. Besser ist es, das Saatgut extra zu kaufen (das ist aber teurer) oder eine Blumenmischung speziell für den eigenen Boden zusammenstellen zu lassen (siehe Bezugsquellen).

Saatgut bei Fachfirmen kaufen!

Im Handel werden oft Blumenwiesen-Mogelpackungen angeboten, die bloß im ersten Jahr Sommerblumen bringen, danach wächst nur noch Gras.

Auch in einer Blumenwiese steckt zunächst einmal einiges an Arbeit.

Bequemer geht's nicht

Mähen darf man Blumenwiesen nur zwei Mal pro Jahr, Ende Juni und im September. Am besten mit einer Sense – das hat man selbst als Laie mit ein wenig Übung bald geschafft. Motorsensen sind zwar ganz praktisch, aber teuer und sehr laut. Wichtig: Das Heu auf der Wiese abtrocknen lassen und mehrmals wenden – nur dann fallen alle Samen der einjährigen Kräuter aus.

Blüten im Handumdrehen

Blütenvielfalt erreicht man durch viel Geduld. Oder man greift zu einem Trick, den die Engländer anwenden: „Blumenwiesen sind die verlängerten Blumenbeete", heißt es da, und es werden viele Blumenzwiebeln gesetzt, die ab dem Frühjahr blühen: Schneeglöckchen, Cyclamen, Krokusse, Mininarzissen, großkronige Narzissen, Zierlauch, Gladiolen (da darf im Juni nicht gemäht werden) und Herbstzeitlosen.

Die Mischung macht's! Die Permakultur nützt auch die positive Wirkung mancher Pflanzen in der Nachbarschaft.

Perma-kultur für intelligente Faule

Salopp gesagt: Permakultur ist das Garteln der intelligentesten Faulen, aber es geht dabei nicht nur um den Garten. In diesem ganzheitlichen System wird angestrebt, dass Menschen, Tiere und Pflanzen miteinander leben, ohne sich gegenseitig Schaden zuzufügen. Ziel ist es durch optimale Wachstumsbedingungen eine Versorgung direkt vor der Haustür und ohne lange Transportwege zu schaffen.

Kraterbeet erzeugt ideales Kleinklima

Durch das geschickte Anlegen eines kleinen Hausgartens kann zumindest stellenweise ein ideales Kleinklima geschaffen werden. Zum Beispiel im Kraterbeet: In dieser Wärmefalle gedeihen Tomaten und Gurken gut, am Rande wachsen Weintrauben und am Hügelbeet ranken die Kürbisse um die Wette.

Unordung ist erwünscht

Ein perfekt gepflegter Garten ist nicht immer sinnvoll. Gerade die geordnete Unordnung ist es, die gesundes Wachstum

ermöglicht. Vögel nisten auf dem Gelände und sind die Schädlingspolizei. Mischkultur sorgt für krankheitsfreies Wachstum, und die richtige Sortenauswahl von Obst und Gemüse hilft ebenfalls mit, auf Spritzmittel aller Art verzichten zu können.

Saatgut kommt aus dem Garten

Ob Endivie, Spinat, Radieschen oder andere: Die ausgewachsenen Pflanzen bleiben am Beet stehen und liefern nach dem Blühen Saatgut für das kommende Jahr. So kann ein Kreislauf vor Ort erlebt werden – von der Aussaat bis zur Ernte. Da in der Permakultur nur Biosaatgut von alten „Nicht-Hybridsorten" verwendet wird, muss auch beim Zukauf von Saatgut darauf geachtet werden. Besonders empfehlenswert sind Vereine wie die Arche Noah oder Dreschflegel, die sich die Erhaltung alter Sorten zum Ziel gesetzt haben.

Nützliches für Mensch und Tier

Kompostieren, Mulchen oder das Brennnessel-Eck dürfen in einem Permakultur-Garten nicht fehlen. Kommen und Gehen, Wachsen und Sterben – das bedeutet Kreislaufdenken und Permakultur und genau davon ist in Zeiten der großen ökologischen Probleme so oft die Rede.

Freilich endet diese Form des Lebens nicht an der Gartenmauer: Auch bei der Energienutzung im Haus und beim Auto wird auf Nachhaltigkeit gesetzt – mit Solarenergie, Sonnenstrom oder Biogas.

Tipps für den
Ziergarten

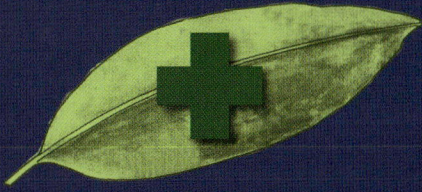

„**N**icht der Zaun macht einen Garten, sondern die Blumen, die darin blühen!" Was wäre ein Garten ohne Blüten? Bäume, Sträucher, Stauden, Sommer- und Zwiebelblumen machen ihn zur Pracht. Von der frischen Knospe bis zur üppigen, aber vergänglichen Blüte. Mit Geduld, Beobachtungsgabe und Mut zum Ausprobieren wird Ihr Garten so über die Jahre zum Blütenreich. Die wichtigsten Erkenntnisse nach vielen Erfolgen und Misserfolgen finden Sie auf den nächsten Seiten.

Flotte Zwiebel- blüher

Zwiebelblumen sind es, die bei vielen Gartenneulingen die Lust am Gärtnern wecken. Wer einmal im Herbst in die nasskalte Erde die kleinen Zwiebeln gesteckt hat und dann nach wenigen Monaten die Blütenpracht von Tulpen, Narzissen und anderen Frühlingsblühern genießen konnte, ist dadurch prompt vom „Gartenvirus" befallen.

Robuste Narzissen

Narzissen leuchten im Frühjahr nicht nur besonders kräftig, sondern sind auch sehr „treu". Einmal gepflanzt, kommen sie alle Jahre wieder. Die beste Sorte dafür ist, so zeigten Langzeitversuche, 'Golden Harvest'. Besonders hübsch machen sich Narzissen unter Blütensträucher-Hecken. Im Frühjahr sind sie unter den unbelaubten Gehölzen gut zu sehen, später, wenn die Blätter dann gelb werden und einziehen, hat sich längst das Blätterdach der Sträucher über sie gelegt.

Keine Wühlmausgefahr

Noch einen Vorteil haben die Narzissen, von denen es etwa 20 000 verschiedene Sorten gibt: Sie werden von den Wühlmäusen ignoriert.

Frühlingsstimmung – auch im Topf, mit Zwiebelblumen geht das ruck, zuck!

Tulpen – schnelle Farbenpracht

Ohne Tulpen ist der Frühling kein richtiger. Zwei unterschiedliche Trends gibt es beim Pflanzen von Tulpen: Entweder man setzt, farblich abgestimmt, in kleinen Tuffs von mindestens zehn Stück. Oder man pflanzt die Zwiebeln alle 10 cm über ein ganzes Beet verteilt. Unterpflanzt mit Vergissmeinnicht oder Stiefmütterchen in den dazu passenden Farben. So schaut eine Bepflanzung besonders eindrucksvoll aus. Der Nachteil dieser Variante ist aber, dass nach dem Abblühen ein ganzes Beet zu erneuern ist.

Kleine Wilde – die Dauerhaften

Und noch eine Form des Setzens von Blumenzwiebeln empfehle ich: Das bunt gemischte Ausstreuen von kleinen Wildblumenzwiebeln, wie Schneeglöckchen, Winterling, Krokus, Traubenhyazinthen und Blausternchen. Werden diese „Zwergerln" mit Kompost oder Erde abgedeckt, so bilden sich unter Sträuchern im Frühjahr dichte blühende Teppiche, die verlässlich jedes Jahr wiederkommen.

Wer möchte, kann aus den „kleinen Wilden" aber auch bunte Flecken in den Rasen zaubern. Man sticht mit dem Spaten Rasenziegel aus, platziert die Zwiebeln in der gelockerten Erde (evtl. etwas Kompost dazu) und legt den Rasen wieder drauf. Oder man sticht mit dem Spaten in die Erde und biegt ihn nach vorn. In den Schlitz, der dann entsteht, legt man die Zwiebel. Wichtig fürs Frühjahr: Den Rasen erst mähen, wenn die Zwiebelblumen verwelkt sind.

Blütenwunder Zierlauch

Absoluter Spitzenreiter in der Hitliste der Blumenzwiebeln ist in den letzten Jahren der Zierlauch geworden. Besonders die (nicht ganz billige) Sorte 'Globemaster' mit gewaltigen Blütenkugeln auf dicken festen Stielen. Ob im Staudenbeet, zwischen niedrigeren Rosen oder als ganz besonderer Blickpunkt in der Blumenwiese. Attraktiv ist dieser Zierlauch nicht nur, wenn er nach und nach Hunderte winzige Einzelblüten öffnet, sondern auch noch, wenn er längst verblüht ist.

Nachgefragt

Warum blühen Narzissen nicht mehr?
Narzissen benötigen viele Nährstoffe, und das zur richtigen Zeit. Sobald die Blätter gut 10 cm herausgekommen sind, sollte gedüngt werden. Am besten mit einem stickstoffreichen Dünger. Ideal ist ein organischer Rasendünger, wie er im Herbst ausgestreut wird. Er enthält Stickstoff, aber auch Kalium – was das Ausreifen der Pflanzen fördert. Sie können ebenso von Zeit zu Zeit Holzasche um die Pflanzen streuen.

Welche Zwiebelblumen werden von Wühlmäusen verschont?
Tulpen und Hyazinthen verspeisen die Wühlmäuse im Eilzugtempo, aber Narzissen lassen sie links liegen und auch den Zierlauch rühren sie nur teilweise an. Mein Tipp: Befüllen Sie große Blumentöpfe mit sandiger Erde und setzen Sie die Blumenzwiebeln hinein. Diese Töpfe können Sie auch in den Staudenbeeten einsenken.

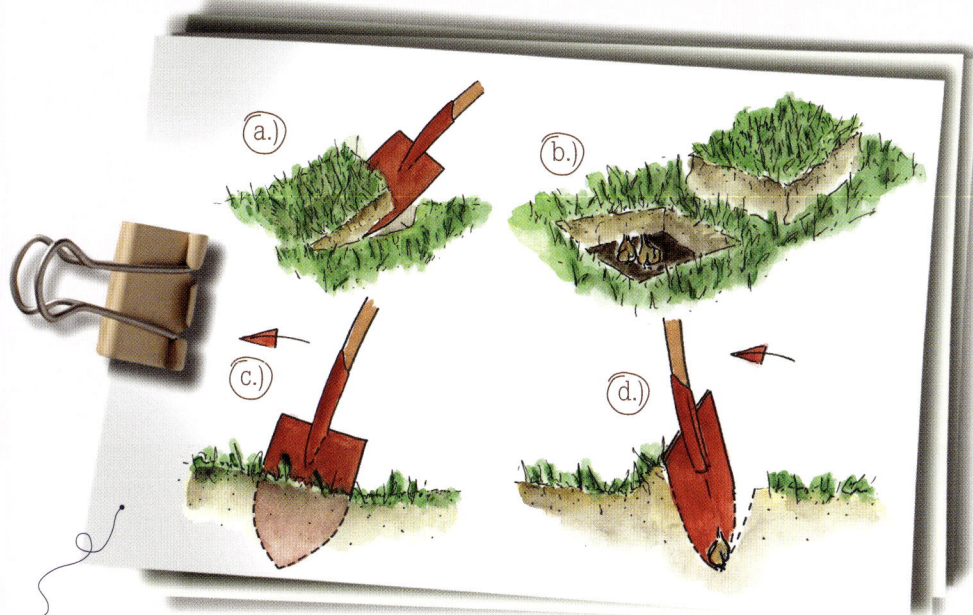

Zwiebelblumen in der Wiese: a) und b) Rasensode abheben, Zwiebeln in den Boden und wieder abdecken. c) und d) Einfach mit einem Spatenstich!

Pflegeleichte Stauden und Gräser

Staudenbeete zählen zu den schönsten Blumenbeeten in einem Garten. Richtig angelegt blühen sie von Jahr zu Jahr immer üppiger und erfreuen uns über eine lange Zeit. Stauden haben nichts mit den Sträuchern zu tun, die landläufig oft als „Staude" (z. B. die Hollerstaude) bezeichnet werden, sondern es sind Pflanzen, deren Wurzelstock überwintert, während Blätter und Stängel abfrieren.

Die Gruppe der Stauden ist vielfältig wie keine andere, von kleinen, nur wenige Zentimeter kleinen Polsterpflanzen bis zu den hohen Prachtstauden wie Rittersporn, Sonnenhut oder Lupine.

Stauden für jeden Standort

Beachten Sie aber bei der Auswahl, ob die gewählten Pflanzen eher Sonne, Schatten, feuchten oder trockenen Boden lieben. Zu den Stauden gehören die Dachwurz, die in voller Sonne gedeiht, ebenso wie die schattenliebenden Farne.

Planung ist alles, damit es im Beet immer wieder blüht. Stauden sollten sowohl farblich als auch nach ihrer Wuchshöhe abgestimmt werden. Denken Sie aber auch an die Blattfarben und die Strukturen – neben den Blüten ein ganz wichtiger Aspekt. Gräser zum Beispiel geben dem Beet im Spätsommer einen ganz besonderen Akzent.

Von Katzenminze und Schafgarbe bis zum Rittersporn – ein gut geplantes Staudenbeet macht viele Jahre Freude.

Und nicht vergessen: Blumenzwiebeln zwischen die Stauden pflanzen, sie ergänzen einander im Jahresreigen.

So werden Stauden gepflanzt

Staudenbeete können zu jeder Jahreszeit angelegt werden. Das Frühjahr und auch der Herbst sind ideal. Die Pflanzen kauft man in kleinen Töpfen.

Bereiten Sie den Boden gründlich vor und beseitigen Sie alle Wurzelunkräuter. Verdichtete Böden müssen zwei Spaten tief gelockert werden. Arbeiten Sie Kompost und Hornspäne, eventuell auch etwas Sand ein.

Und so wird gepflegt

Staudenbeete sollten alljährlich mit Kompost versorgt werden. Im Herbst wird das „schwarze Gold" in einer dünnen Schicht zwischen den Pflanzen ausgebracht.

Auch im Staudenbeet wird gut gemulcht. Allerdings nicht mit Rindendekor, sondern mit Rasenschnitt, Rindenhumus (kompostierte Rinde) oder Piniendekor. Normale Rinde enthält nämlich Gerbsäure und bindet beim Verrotten Stickstoff. Säure und Nährstoffmangel bremsen dann das Wachstum der Stauden stark.

Pflegetipp für intelligente Faule

Schneiden Sie Frucht- und Samenstände der Stauden im Herbst nicht ab. Viele sind nicht nur hübsch anzusehen, sondern auch Nahrung für die Vögel.

Mulch (Grasschnitt)

Gelockerte Erde mit Kompost, Hornspänen, Sand

Gewachsener Boden

Gut gepflanzt ist halb gewonnen – die Pflanzgrube muss ausreichend groß und mit Kompost, Hornspäne und Sand angereichert sein.

Holen Sie sich die Sonne in den Garten! Rudbeckien, die Sonnenhüte – ob als Stauden oder Sommerblumen – bringen kräftige Gelbtöne.

Gräser – das Haar der Mutter Erde

... sagte einst bereits Karl Foerster, der berühmte deutsche Staudenexperte, sehr poetisch und dachte dabei keinesfalls an den Rasen als die größte Ansammlung von Gräsern in einem Garten. Er sah die Gräser als Ergänzung in einem Stauden- beet. Zurzeit sind Ziergräser absolut im Trend, und das wird sich nicht so schnell ändern.

Auch im Winter bereichern Gräser den Garten optisch, etwa wenn ihre Blätter und Halme mit Raureif überzogen oder mit fri- schem Schnee „angezuckert" sind.

Wichtig bei der Gräserpflege

Ziergräser benötigen – je nach Art und Sorte – sehr unterschiedliche Licht- und Bodenverhältnisse: von ganz trocken bis zu sehr feucht.

Viele der in den Beeten wachsenden Gräser benötigen aber einen Nässeschutz. Im Spätherbst werden sie deshalb mit Schnüren ganz fest zusammengebunden, sodass eine Art Kegel entsteht. An diesem Strohdach wird das Wasser abgeleitet und dringt so nicht in den Wurzelstock ein. Daher niemals im Herbst die Gräser abschneiden oder auch teilen.

Wer sich mit Ziergräsern beschäftigt, wird wahrscheinlich zum Fan. Hier glänzt das Lampenputzergras *(Pennisetum setaceum)* im Licht.

Bambus – eine Rhizomsperre hilft

Zu den Ziergräsern gehört auch der Bam- bus, der ja schon seit einigen Jahren für Aufmerksamkeit sorgt. Manchmal aller- dings auch für negative, denn so manche Bambusart ist nicht winterhart oder neigt zur starken Ausläuferbildung. Und dann wird plötzlich aus einem geordneten, for- malen Garten ein „Bambushain". Daher sollten Sie den Bambus bei der Pflanzung generell mit einer sogenannten Rhizom- sperre versehen: Im Pflanzloch verhindert eine 80 cm tiefe Begrenzung aus dicker Folie, Blech oder z. B. ein Betonkanalring das Herauswachsen der Wurzeln.

Rosen: Tipps für die Königin

Rosen zählen weltweit zu den beliebtesten Kulturpflanzen, deshalb sind ihnen hier – noch vor den anderen Ziergehölzen – eigene Seiten gewidmet.

Ob Edelrose, Polyantharose, Zwergrose oder Kletter- und Strauchrose, Rosen gibt es für alle Gelegenheiten. Der Trend geht derzeit zu den alten Rosen mit ihren großen Blüten und dem schweren Duft. Sie haben aber den Nachteil, dass der Blütenreichtum etwas gering ist und sie gegen Krankheiten und Schädlinge anfällig sind.

Englische Rosen – blütenreich und duftend

Dem Engländer David Austin gelang diese großartige Züchtung: Die „Englischen Rosen" sind eine Kreuzung zwischen den wunderbar duftenden alten Rosen und den robusteren, vor allem aber mehrmals blühenden modernen Edelrosen. Sie vereinen somit Blütenreichtum und mehrmalige Blüte, ein Traum für jeden Rosenfan.

Es muss nicht immer rot und rosa sein: 'Graham Thomas', eine englische Rose mit dunkelgelben, gefüllten Blüten.

Rosen richtig pflanzen

Die beste Pflanzzeit von wurzelnackten Rosen ist zwar nach wie vor der Herbst, doch können auch Rosen, die im Topf angeboten werden, das ganze Jahr über gesetzt werden. Rosen benötigen einen sonnigen Standort in luftiger Umgebung. Der Boden sollte tiefgründig, aber lehmig sein. Bei einem schweren Boden fügt man etwas Sand bei. Kompost oder kompostierter Rindermist als Humuslieferant kommt ebenfalls ins Pflanzloch, und Hornspäne liefern den Startdünger für die ersten Monate.

Platz für Rosen kann man nie genug haben. Wählen Sie pflegeleichte Sorten, dann ist die Freude daran umso größer.

Lavendel und Rosen

Lavendel benötigt, im Gegensatz zu Rosen, einen sehr durchlässigen und eher trockenen Boden. Lösung: Die Lavendelpflanzen auf einen kleinen „Hügel" (15–20 cm hoch) aus durchlässigem Substrat pflanzen.

Pflege-Kalender

Frühjahr: Im März Reisigschutz entfernen und Boden mit Kompost versorgen, so es nicht schon im Herbst geschehen ist. Sobald die Knospen schwellen, beginnt der Schnitt. Anschließend wöchentlich mit Brennnessel-Jauche gießen und die Blätter häufig mit Schachtelhalmtee übersprühen. Mit biologischem Langzeitdünger düngen.

Sommer: Bis Mitte August weiterdüngen, je später die Düngung erfolgt, desto rascher muss der Dünger verfügbar sein. Weiterhin zur Vorbeugung gegen Pilzkrankheiten Schachtelhalmtee spritzen und auf Schädlingsbefall achten. Ab Ende August nicht mehr düngen, damit die Pflanzen „ausreifen", das heißt frostfest werden.

Herbst: Große Rosenstöcke etwas zurückschneiden, der eigentliche Schnitt erfolgt aber erst im Frühjahr! Anhäufeln und mit Reisig abdecken, Stammrosen entweder nach unten biegen und abdecken oder die Krone mit Stroh auffüllen und dicht mit Reisig bedecken. Gut anbinden, damit der Schneedruck die Stämmchen nicht knickt. Keine Folie verwenden!

Nachgefragt

Wie schneide ich Rosen richtig?

Beim Rosenschnitt werden oft sehr große Fehler gemacht. Rosen sind kleine Sträucher und sollten es auch bleiben. Vermeiden Sie deshalb einen radikalen Rückschnitt. Faustregel: Rückschnitt auf drei Augen (Knospen) des Vorjahrs. Das oberste Auge muss außen liegen, im Inneren des Rosenbusches sollte darauf geachtet werden, dass Licht und Luft hineinkönnen.

Generell gilt: Je kräftiger eine Rose wächst, desto weniger wird geschnitten.

Schwächer wachsende Rosen werden durch einen kräftigeren Rückschnitt zu stärkerem Wachstum angeregt.

Wachsen sogenannte wurzelnackte Rosen gut an?

Wurzelnackte Pflanzen sind billiger als Containerware, im Frühjahr und Herbst lohnt es sich, bei der Pflanzung auf diese Alternative zurückzugreifen. So wird's gemacht: Zuerst werden die Wurzeln etwas angeschnitten, die Äste bleiben zunächst unbeschnitten. Die Veredelungsstelle muss beim Pflanzen etwa eine Handbreit unter dem Erdniveau liegen. Die Wurzeln mit viel Wasser einschwemmen und anschließend den Rosenstock anhäufeln. Letzteres ist beim Pflanzen von wurzelnackten Rosen sowohl im Herbst als auch im Frühjahr notwendig. Im Herbst sollten zusätzlich die Äste, die noch aus der Erde herausschauen, mit Reisig abgedeckt werden.

Geschnitten wird auf drei Augen (Knospen) des Vorjahres.

Wie heißt es so schön? „Alte Liebe rostet nicht." Natürlich auch nicht die zu den Pfingstrosen.

Pfingst-rosen: alte, neue Klassiker

Wenn ich an Pfingstrosen denke, dann denke ich an den Garten meiner Großmutter – eine Bauernpfingstrose mit weit über 50 (oder gar 100!) Blüten. Jedes Jahr war sie im Juni der Blickpunkt im Garten –

mitten im Rasen umringt von vielen Gänseblümchen.

Pfingstrosen sind eben seit alters her als Gartenblumen beliebt. Sie zählen zu den Stauden – früher galten sie als Heilpflanze, heute aber nur noch als Zierpflanze, denn die Päonie gehört zu den giftigen Hahnenfußgewächsen und darf nicht mehr für innerliche Anwendungen verwendet werden.

Richtig pflanzen

Die übliche Pflanzzeit für Pfingstrosen ist von September bis November. Aber das Angebot von Pflanzen in Containertöpfen ermöglicht natürlich auch eine Pflanzung mitten in der Blütezeit. Pfingstrosen lieben einen sonnigen Standort mit frischem, nährstoffreichem Boden. Verdichtete und schwere Böden müssen durch Sand aufgelockert werden. In das Pflanzloch gibt man reifen Kompost oder sehr gut verrotteten Mist.

Beste Pflege

Jedes Frühjahr erhalten Pfingstrosen eine Kompostgabe oder organischen Langzeitdünger.

Nach dem Abblühen werden die Samenstände entfernt, keinesfalls dürfen die Blätter abgeschnitten werden, denn die Wurzelstöcke speichern nun die Nährstoffe und legen im Lauf des Jahres die Blütenknospen für das kommende Jahr an.

Ein wichtiger Punkt bei der Pflege ist das Abstützen, und zwar das vorbeugende

Abstützen, denn liegen die schweren Blüten erst einmal am Boden, ist der Schaden nicht wiedergutzumachen.

Im ersten Jahr

Neugepflanzten Pfingstrosen sollte man im ersten Jahr die Knospen entfernen – das verbessert die Blatt- und Wurzelbildung und stärkt die Pflanzen.

Nachgefragt

Warum blühen die Pfingstrosen nicht?

Die Stöcke dürfen nicht zu tief gesetzt werden – maximal drei Zentimeter tiefer, als sie bisher im Topf standen – sonst kümmern die Pflanzen und werden blühfaul.

Normalerweise blühen Pfingstrosen, wenn sie als Topfware gepflanzt wurden, im ersten Jahr. Als Feldware, also als Wurzelstöcke gepflanzt, kann es aber bis zu zwei Jahre dauern, ehe sich die ersten großen Blüten öffnen. Solche Wurzelstöcke dürfen nur im Herbst, in der Ruhezeit der Pflanze, gesetzt werden.

Die Schönheit des Einfachen: Weiße Schlehenblüten *(Prunus spinosa)* gegen den Frühlingshimmel.

Ziergehölze als Kulisse oder Akzent

Ob duftender Flieder oder saftig grüner Buchs, ob die zarten Blüten der Zaubernuss oder der gewaltige Auftritt der Magnolie – die Vielfalt an Ziergehölzen ist groß und der Garten immer zu klein, wenn man die Lust am Sammeln entdeckt.

Wild und unkompliziert

Heimische Wildsträucherhecken sind genial einfach: Traubenkirsche, Schlehe, Sanddorn, Haselnuss, Holunder, aber auch

Ziergehölze wie Flieder oder Jasmin bilden dichte Hecken, die nicht geschnitten werden müssen.

Die einzige Voraussetzung: genügend Platz, denn zwei Meter Breite und drei bis fünf Meter Wuchshöhe sollte man schon einplanen.

Auf den Stock setzen

Wird die Hecke nach Jahren oder Jahrzehnten zu groß, kann man sie „auf den Stock setzen". Dieser Rückschnitt auf 30 cm bringt eine Verjüngung und ein kräftiges, dichtes Wachstum.

Unterpflanzt man die Hecke mit Schneeglöckchen, Krokussen und Narzissen und versorgt den Boden mit einer Mulchschicht, entsteht eine prächtige, naturnahe Gestaltung, die kaum Arbeit macht.

Pflanzen von Ziergehölzen

Je schwerer, also je tonhaltiger die Erde, desto größer muss die Pflanzgrube sein. Ansonsten kommt es im direkten Umfeld

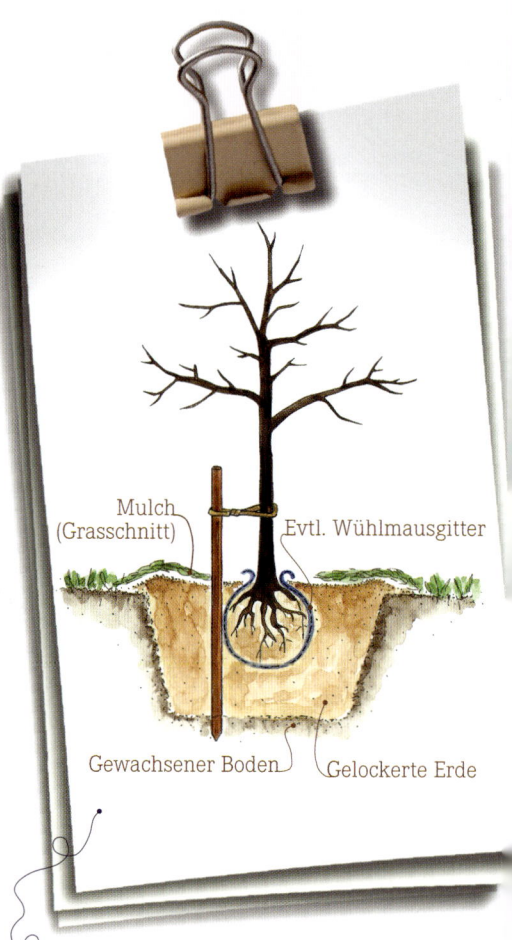

Mulch (Grasschnitt)
Evtl. Wühlmausgitter
Gewachsener Boden
Gelockerte Erde

Eine gut vorbereitete Pflanzgrube spart später Mühe und Ärger.

der Wurzeln zu Staunässe, weil sich das Regenwasser wie bei einer Blumenvase in der Pflanzgrube sammelt. Wichtig ist auch die Lockerung in die Tiefe, damit das Wasser abfließen kann. Schwere Böden mit Quarzsand und Kompost vermischen. Bei Bäumen unbedingt einen Pflanzstab vorsehen und gut verankern. Frisch gepflanzte Bäume, die im Wind hin und her geschaukelt werden, können nur erschwert die feinen Wurzeln bilden und beginnen deshalb zu kümmern.

Die Erde schichtweise einfüllen, dann das Gehölz so setzen, dass es nicht tiefer steht als zuvor in der Baumschule. Die Erde festtreten und gut einschlämmen. Nur so werden alle Hohlräume ausgefüllt und der Baum kann rasch Wurzeln bilden. Die Baumscheibe, also der Bereich rund um den Stamm, wird anschließend mit Rindenmulch oder Rasenschnitt abgedeckt. Nicht zu nahe an den Stamm mulchen, sonst kommt es zu Fäulnis und es besteht die Gefahr, dass Wühlmäuse den Stamm anfressen. Sind diese lästigen Nager im Garten, sollte man generell die Wurzeln beim Pflanzen durch große Gitterkörbe schützen. Das verzinkte Sechseckgeflecht, wie es auch beim Bau von Kleintierställen verwendet wird, hat sich hier bewährt.

Sträucher und Bäume umsetzen

Für das Umpflanzen von Gehölzen ist der Spätherbst die beste Zeit. Beachten Sie aber, dass das Verhältnis zwischen Laub und Ästen stimmt. Werden viele Wurzeln beim Ausgraben abgestochen, dann müs-

Immergrüne Gehölze …

… wie Koniferen oder Kirschlorbeer sollten Sie eher im Spätsommer pflanzen. Sie könnten bei einem strengen und sehr kalten Winter vertrocknen, da noch keine neuen Wurzeln die Pflanzen mit Wasser versorgen.

sen auch die Äste deutlich zurückgeschnitten werden. Je größer der Rückschnitt, desto kräftiger wird das Wachstum sein.

Hortensien – wieder voll im Trend

Hortensien, die traditionellen Bauerngartenpflanzen, sind derzeit auch unter den Gartendesignern von Weltrang höchst geschätzt. Hortensien sind bei uns großteils winterhart. Manche Arten können aber zurückfrieren und bilden dann keine Blüten, weil sie nur auf den Trieben blühen, die im Vorjahr gebildet wurden.

Besonders die als Muttertags-Hortensie bekannte *Hydrangea macrophylla* mit den großen und eindrucksvollen rosa, weißen oder blauen Blüten neigt dazu. Eine neue Züchtung einer amerikanischen Gärtnerei bringt Abhilfe. Die Sorte 'Endless Summer' ist garantiert frostfest. Bis nahezu -30 °C soll sie aushalten. Es gibt sie in den Farben Rosa, Blau, Weiß und mit tellerförmigen Blüten.

Die Schneeball-Hortensie *(Hydrangea arborescens* 'Annabelle') ist die anspruchsloseste Hortensie. Sie wird im Frühjahr auf

etwa 15 cm zurückgeschnitten, wächst dann stark, bildet cremefarbige Blütenbälle, die bis zum Winter abtrocknen und dann auch mit Raureif geschmückt besonders dekorativ aussehen.

Für Liebhaber von Hortensien sind auch Eichenblatt-Hortensien *(Hydrangea quercifolia)* zu empfehlen. Neben den kerzenförmigen Blüten sind deren Blätter besonders attraktiv.

Für Gartenexperten eignen sich auch Teller-Hortensien *(Hydrangea macrophylla*

Auch sie erinnern an Großmutters Garten. Hortensien schaffen das Kunststück, nostalgisch und gleichzeitig im Trend zu sein.

oder *H. serrata*) – ihre Blüten sind besonders schön, daher auch sehr beliebt, aber leider auch sehr frostempfindlich. Im Topf gezogen und in einem Gewächshaus überwintert, gibt es keine Probleme.

Nachgefragt

Kann man Hortensien vermehren?
Gerade bei wirklich frostfesten Pflanzen, die man da und dort bei Bauernhöfen findet, lohnt sich die Stecklingsvermehrung, um an robuste Pflanzen zu kommen: Einfach Triebspitzen mit zwei Blättern in ein Sand-Torf-Gemisch stecken.

Warum blüht meine „blaue" Hortensie rosa?
Blau blühen Hortensien nur dann, wenn sie absolut kalkfrei stehen und auch ausschließlich mit Regenwasser gegossen werden. Kalkhaltiger Boden oder kalkhaltiges Leitungswasser färbt die Blüten zuerst schmutzig blau und später völlig rosa. Daher gilt für alle Hortensien: Moorbeeterde verwenden – das sind Torf, Torf-Ersatzstoffe, Rhododendron-Erde oder Laub-Erde-Kompost, den man, wenn man viel Laub im Garten hat, auf einem eigenen Komposthaufen ganz leicht herstellen kann.

Rhododendren und Azaleen sorgen zur Hauptblüte für einen wahren Farbenrausch.

Rhododendren – nur kein Kalk

Rhododendren und Azaleen öffnen die ersten Blüten, je nach Sorte, schon Ende März, die Hauptblüte folgt im Mai. Sie müssen in kalkfreien Boden gepflanzt werden. Man spricht vom „Moorbeet", obwohl es mit einem wirklichen Moor nichts zu tun hat. Denn eines können Rhododendren und Azaleen ganz und gar nicht ausstehen: die für ein Moor typische Staunässe. Damit Rhododendren und Azaleen in unseren Breiten dennoch gedeihen, sollte das Pflanzloch zumindest 80 cm im Durchmesser haben und gut 50 cm tief sein. Entfernen Sie die gesamte Erde aus dem Pflanzloch. Am Boden kommt als Dränageschicht Rindenmulch und dann wird mit kalkfreier Erde aufgefüllt. Wer aus Naturschutzgründen auf Torf verzichtet, wählt Torfersatzstoffe oder stellt die passende Erde selbst her: Laubkompost, besonders von Nuss oder Eiche, ist der ideale Torfersatz. Kompostieren Sie in Zukunft das Herbstlaub auf einem eigenen Haufen.

Kühle Dusche für Rhododendren

Moorbeetpflanzen, die in der Sonne stehen, benötigen an besonders heißen Sommertagen eine kühle Dusche – aber richtig: Den Gartenschlauch so positionieren, dass sich das Wasser mindestens vier Meter in feinem Sprühnebel über den Sträuchern erwärmen kann. Wer Regenwasser verwendet, macht es noch besser.

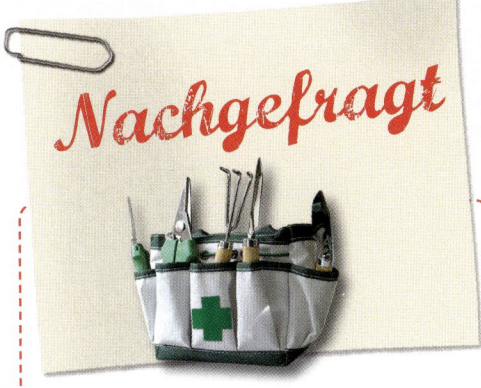

Muss man bei den Rhododendren Verblühtes entfernen?

Bei kleinen Sträuchern sollten die abgeblühten Blüten ausgebrochen werden: Vorsichtig mit Daumen und Zeigefinger den Blütenrest herausdrehen. Dann geht keine Kraft durch Samenbildung verloren. Größere Gehölze brauchen diese Spezialpflege aber nicht mehr.

Wann und wie werden Rhododendren gedüngt?

Oft wird völlig übersehen, dass Rhododendren sehr viele Nährstoffe benötigen – und das rechtzeitig. Denn kaum ist die Blüte vorbei, beginnt auch schon das Blattwachstum mit den Knospen für das kommende Jahr. Daher sollte man eine erste Düngergabe etwa vier bis sechs Wochen vor (!) der Blüte verabreichen und gleich nach dem Blühen noch einmal düngen.

Was tun mit dem Buchs?

Noch vor wenigen Jahren war die immergrüne Pflanze der absolute Hit: kein Garten ohne perfekt geschnittene Kugeln, Pyramiden oder Minihecken rund um die Gemüsebeete. Seit etwa drei Jahren ist aber die „Buchswelt" eine andere geworden: Zunächst tauchte eine Pilzerkrankung auf, die mit einem ungeheuren Tempo uralte Bestände vernichtete. Ich erinnere mich an einen britischen Garten, in dem die eindrucksvoll geschnittenen und mehr als 100 Jahre alten Buchsbestände völlig dürr und abgestorben waren. Damals war diese Pilzkrankheit *(Cylindrocladium buxicola)*

noch scheinbar weit weg. Doch dann häuften sich erste Berichte aus Deutschland und Holland, und gerade im feuchten Sommer explodierte das Problem.

Buchsbaumzünsler

Damit nicht genug, plagt Buchsbesitzer auch noch eine zweite Sorge: der Chinesische Buchsbaumzünsler. Eingeschleppt durch Pflanzenimporte breitete sich der Schädling sehr rasch aus. In manchen Gegenden hat er schon ganze Buchsbaumkulturen vernichtet. Der Buchsbaumzünsler lebt als Raupe im Inneren der Sträucher – bis er erkannt wird, ist es meist bereits zu spät. Die Zünsler fressen

Buchs rahmt dezent bunte Beete ein oder sorgt, fantasievoll geschnitten, für Blickpunkte im Garten.

Die beliebte Gartenpflanze Buchs ist in Gefahr, denn der Buchsbaumzünsler frisst ganze Bestände kahl. (Hier rot bzw. blau gefärbt.)

Aufpassen beim Schneiden. Die größte Anfälligkeit für die Erkrankung besteht gleich nach dem Schnitt, denn durch die vielen „Wunden" können sich die Pilzsporen ideal ausbreiten. Daher: Werkzeug immer wieder mit hochprozentigem Alkohol reinigen und die Pflanzen vorbeugend mit Fungiziden behandeln.

Vorbeugen ist wichtig. Die Raupen des Buchsbaumzünslers leben und fressen im Inneren der Gehölze. Deshalb sollten Sie die Pflanzen immer wieder kontrollieren und die Tierchen absammeln. Geht es gar nicht anders, helfen Insektizide, die systemisch wirken (d. h., die sich in der Pflanze über die Leitungsbahnen verteilen).

Bei braunen Stellen im Laub: Nur wer alle durch den Pilz befallenen Triebe des Buchses regelmäßig entfernt, hat eine Chance, dass die Pflanze überlebt. Nach dem Schnitt sofort ein Fungizid ausbringen. Stark befallene oder vom Pilz betroffene Pflanzen roden und keinesfalls auf den Kompost geben, sondern verbrennen oder über den Restmüll entsorgen – fest verschlossen in Plastiksäcken.

zunächst Blätter und Knospen, später dann aber auch die Rinde, und damit sterben ganze Triebe ab. Die Tiere bringen es auf drei bis vier Generationen pro Jahr. Die Schmetterlinge, die sich aus den Raupen entwickeln, leben nur wenige Tage. Mit Gelbtafeln kann man einerseits den Bestand an Zünsler-Schmetterlingen reduzieren, andererseits aber auch feststellen, ob überhaupt welche vorhanden sind. Bekämpft wird der Buchsbaumzünsler mit herkömmlichen Insektiziden.

Die Chancen, dass Buchspflanzen zu großen, dekorativen und jahrealten Gehölzen heranwachsen, sind derzeit eher gering. An dieser Stelle folgen einige Tipps, die helfen können.

Buchs nicht im Übermaß anpflanzen. Mit ein Grund für die Probleme sind die vielen „Monokulturen" in unseren Gärten. Hier können sich Pilz und Schädling perfekt vermehren.

Den richtigen Standort wählen. Buchs wuchs ursprünglich auf steinigen, kiesigen und eher trockenen Böden. Zu nährstoffreiche, staunasse Böden, die auch noch mit Rindenmulch ständig feucht gehalten werden, sind ein Nährboden für Pilze. Steht der Buchs zu dicht bei Stauden oder anderen Gehölzen, ist die Gefahr von Infektionen durch den Pilz besonders groß. Auch der Zünsler kann sich da leichter verstecken und extrem stark vermehren.

Alternativen zum Buchs

Plant jemand einen Garten mit Strukturpflanzen in einem größeren Umfang, würde ich vom Buchs abraten. Als Ersatz kann man auf klein bleibende Eiben, Spindelstrauch, Stechpalmen oder eventuell aufrecht wachsenden Efeu zurückgreifen.

Clematis hat Vorlieben

Die Waldreben (Clematis sp.) können des Öfteren ein wenig „bockig" sein, sei es, weil sie nicht blühen wollen, oder kurz nach dem Blütenbeginn plötzlich absterben.

Clematis stehen nicht gern allein: Am Waldrand, ihrem ursprünglichen Standort, sucht sich die Clematis einen „Partner", an dem sie sich festhalten und emporranken kann, damit Blätter und Blüten einen möglichst sonnigen Platz erreichen. Doch ihren Wurzelbereich versteckt sie gern hinter schattenspendenden Sträuchern.

Sonne und Schatten

Clematis benötigen also auch im Garten einen sonnigen Platz, die Wurzeln sollten allerdings immer im Schatten liegen, zum Beispiel hinter niedrig wachsenden Stauden oder auch bloß hinter ein paar aufgeschichteten Steinen.

Ist die Clematis von stark wurzelnden Gehölzen umgeben, sollte man eine Wurzelsperre einbauen, sonst entziehen die Nachbarpflanzen die Nährstoffe, und die Clematis selbst „verhungert".

Der Boden muss feucht, aber gut durchlässig sein. Staunässe bedeutet für die

Pflanze zur Beschattung

Gelockerte Erde

Kies (Dränageschicht)

Wurzelsperre

Clematis lieben schattige Füße.

Clematis unweigerlich den Tod. Daher sollten Sie die Erde vor dem Pflanzen nicht nur gut lockern, sondern auch mit viel grobem Kompost aufbessern. Bei lehmigem Boden empfiehlt es sich, eine gute Dränageschicht aus Sand und Schotter in das Pflanzloch zu geben.

Clematisschnitt

Auch beim Schnitt hat die Clematis Vorlieben: Im Frühjahr blühende Arten (z. B. Clematis montana) schneidet man kaum, sondern entfernt lediglich die abgefrorenen Triebe. Im Frühsommer und Sommer

Die großblütigen Clematis-Hybriden punkten mit Blütenfarben in allen Facetten.

Nachgefragt

Kann man Kletterrosen mit Clematis kombinieren?

Waldreben ähneln in ihren Ansprüchen Rosen, zu denen sie auch gut passen. Vor allem alte Kletterrosen, die nur einmal im Juni blühen, sind ideale Begleiter jener Clematis, die dann von Juli bis September ihre Blütensterne öffnen. Weiße Rosen harmonieren besonders gut mit dem traditionellen Blau der Clematis, wunderschön sind aber auch Kombinationen in Rot und Rosa.

Was ist passiert, wenn die Clematis trotz Gießen verwelkt?

Die Clematiswelke hat zugeschlagen. Sie sucht eher die großblühenden Sorten heim, und zwar dann, wenn sie so richtig im Wachstum sind und sich die Blütenknospen zeigen.

Es gibt einen Trick, dieser Viruskrankheit, die im Boden schlummert, zu entkommen. Die Erreger wandern nämlich pfeilgerade von der Wurzel in die Triebe und bringen sie zum Absterben. Hat die Pflanze nur einen Trieb, wie das meist nach dem Kauf der Fall ist, dann ist die Clematis kaputt. Daher pflanzt man den Wurzelballen ein Stück vom Spalier oder der Hauswand entfernt schräg ein und vergräbt die unteren 30–50 cm der Triebe mit in der Erde. So bilden sich nach kurzer Zeit an den Blattachseln neue Triebe und ein kräftiges Wachstum beginnt. Stirbt nun ein Ast ab, ist das nicht so tragisch – es gibt Ersatz.

blühende Arten schneidet man um die Hälfte zurück, herbstblühende werden jedes Jahr im Frühjahr bis zum Boden zurückgeschnitten.

An die Schere, fertig, los! – Der Gehölzschnitt

Beim Neuanlegen eines Gartens können die Bäume und Sträucher nicht schnell genug wachsen, später aber ist der „Urwald" kaum zu bändigen und macht regelmäßige Schnittarbeiten notwendig. Das zeitige Frühjahr ist die beste Zeit dafür.

Zu viel bewirkt das Gegenteil

Wer beim Schnitt zu rigoros vorgeht, nimmt den Pflanzen die eigentliche Wuchsform oder bewirkt sogar, dass sie noch viel stärker wachsen. Grundregel: Nie mehr als ein Drittel der Äste herausschneiden!

So wird geschnitten

Jedes Gehölz stellt im Lauf seines Lebens unterschiedliche Schnittansprüche.

Am Beginn steht der Pflanzschnitt. Sowohl die Äste werden eingekürzt als auch die Wurzeln, wenn es sich um „wur-

Regelmäßig ein bisschen spart später sehr viel: Gehölzschnitt muss sein.

zelnackte" Pflanzen handelt. Gehölze im Containertopf müssen nicht geschnitten werden.

Nach einem Jahr folgt der **Erziehungsschnitt**. Triebe, die nach innen oder steil nach oben wachsen, werden dabei entfernt.

In den folgenden Jahren ist der **Erhaltungsschnitt** notwendig. Dabei werden vergreiste Triebe bodeneben (!) herausgeschnitten und alle zu dicht stehenden Äste entfernt. Keinesfalls darf in dieser Phase des Wachstums der „Bubikopf"-Schnitt (so nannte ihn charmant ein Leser) praktiziert werden. Forsythien oder andere Blütensträucher zu Kugeln formen mag kreativ sein, letztlich führt es aber über die Jahre zum völligen Vergreisen der Pflanze.

In der letzten Phase des Strauchlebens kann aber ein sogenannter **Verjüngungsschnitt** angewendet werden. Dabei wird ein Großteil der Äste bodeneben herausgeschnitten und nur einige wenige Triebe bleiben stehen. Wer es ganz richtig machen will, der schneidet „ableitend". Das bedeutet, der dicke Ast verjüngt sich auch nach dem Rückschnitt bis zu einem kleinen Trieb. So bleibt die natürliche Wuchsform des Strauchs erhalten, er wächst von unten wieder mit vielen neuen Ästen und bildet auch wieder zahlreiche Blüten.

Eine für viele scheinbar brutale Schnittmethode ist das „auf den Stock setzen". Damit kann man unten verkahlte Sträucher wieder verjüngen. Wildgehölze, wie Holunder, Haselnuss, Kornelkirsche oder auch die Schlehe, können nach einigen Jahren radikal auf etwa 20 cm zurückgeschnitten werden. Schon im ersten Jahr wachsen sie bei guten Bodenverhältnissen wieder bis zu 1, 5 m und bilden schon im zweiten Jahr wieder eine dichte Hecke.

Beim Erziehungsschnitt werden alle nach innen wachsenden Triebe entfernt.

Wann wird geschnitten?

Der richtige Zeitpunkt des Schnitts ist unterschiedlich.

• Blütengehölze, die im Frühjahr blühen (z. B. Forsythie, Flieder, Jasmin, Kätzchenweiden), werden gleich nach der Blüte geschnitten. Würde man im Herbst schneiden, gäbe es keine Blüten.

• Sommer- und herbstblühende Sträucher, wie z. B. Hibiskus, schneidet man im Herbst, den Sommerflieder (Schmetterlingsflieder) sogar sehr stark auf etwa 1/3 der Äste.

• Obstbäume und Rosen werden im Spätwinter geschnitten.

• Der ideale Schnittzeitpunkt für Rosen ist dann, wenn die Forsythie blüht, denn dann drohen keine starken Fröste mehr, die frische Knospen vernichten.

• Stark wachsende Obstbäume sollte man möglichst spät schneiden, denn damit bremst man das Wachstum.

Beim Schnitt alter Bäume keine „Amputationen" hinterlassen, sondern immer auf „ableitende Triebe" schneiden – sieht schöner aus und der Baum wächst gleichmäßiger.

Balkonblumen und trendige Kübelpflanzen

Die Auswahl an reichblühenden Balkonblumen ist enorm. Zu den besonders pflegeleichten zählen Kapuzinerkresse (*Tropaeolum majus*), Ziersalbei (z .B. *Salvia farinacea*), Goldmarie (*Bidens ferulifolia*), Schwarzäugige Susanne (*Thunbergia alata*), Surfinien (*Petunia-Surfinie*), Elfenspiegel (*Nemesia strumosa*) und Lakritz-Strohblume (*Helichrysum petiolare*).

Dauerbrenner Pelargonie

Ein Klassiker, der sich schon seit Jahrzehnten als beliebteste Balkonblume hält, ist auch die Favoritin für das bequeme Gärtnern – die Pelargonie, die landläufig auch als „Geranie" bezeichnet wird. Wuchsformen und Blütenfarben sind schier endlos. Alle Pelargonien lieben vollsonnige Standorte und gut durchlässige Erde.

Der Balkon ohne Sonne

Fuchsien, Begonien, Fleißige Lieschen (*Impatiens walleriana*) und – wenn ein wenig Sonne „vorbeikommt" – auch Fächerblumen (*Scaevola*), Lobelien (*Lobelia erinus*),

Die Blüten der Schwarzäugigen Susanne (*Thunbergia alata*) leuchten mit der Sonne um die Wette.

Mottenkönig *(Plectranthus fruticosus)* oder niedrig wachsende Glockenblumen *(Campanula-*Arten*)* können in den Blumenkasten gesetzt werden.

In großen Töpfen sehen auch Hortensien, Funkien und Astilben (Prachtspieren) wunderschön aus. Diese Stauden können über mehrere Jahre auf Balkon oder Terrasse stehen bleiben. Es ist nur wichtig, im Winter die Töpfe vor zu viel Feuchtigkeit zu schützen.

Es müssen nicht immer Blüten sein!

Blüten kommen noch besser zur Geltung, wenn sie von blattzierenden Balkonblumen umrahmt werden. Besonders empfehlenswert: Weihrauchpflanze oder Mottenkönig *(Plectranthus fruticosus)*, Hauswurz *(Sempervivum)*, Kartoffelblume *(Solanum jasminoides)* und Dreifarbiger Salbei *(Salvia officinalis* 'Tricolor'*)* oder auch so manches Ziergras wie die Segge *(Carex)*.

Obst für Balkon und Terrasse

Am besten bewährt hat sich das sogenannte „Ballerina-Obst", das sind säulenförmig wachsende Obstbäumchen. Es gibt mittlerweile einige Sorten, die recht gut im Topf gedeihen. Ideal für die Topfkultur sind auch Naschfrüchte wie Himbeeren (Herbstsorte 'Autumn Bliss') oder Brombeeren (Sorte 'Navaho') und Heidelbeeren (Sorte 'Bluecrop') – bei Letzteren müssen Sie unbedingt ein kalkfreies Substrat verwenden, dann wachsen die Heidelbeeren fast von selbst.

Sommerfrische

Auf dem Balkon oder der Terrasse können Zimmerpflanzen im Freien „übersommern". Die Pflanzen dabei vorsichtig an die Sonne gewöhnen, denn zu viel direkte Sonne könnte die Blätter verbrennen.

Fuchsien bezaubern – so schön kann es am schattigen Balkon blühen.

Gemüse und Kräuter für den Balkon

Als Gemüse empfehle ich vor allem Tomaten – in Töpfen mit einem Mindestdurchmesser von 40 cm wachsen sie besonders gut. Man verwendet die im Handel erhältliche Bio-Fertigerde, die noch mit Hornspänen oder einem anderen organischen Dünger aufgedüngt wird. Balkontauglich sind auch Gurken und kletternde Zucchini, die besonders „platzsparend" wachsen.

Kräuter eignen sich besonders für die exponierte Lage am Balkon. Hier sollten Sie die Fertigerde aber unbedingt mit Sand, Splitt und/oder Tongranulat mischen, damit ein möglichst durchlässiges Substrat entsteht.

Gewusst wie – die Düngung

Ob im Zimmer, am Balkon oder im Garten – Pflanzen benötigen Nährstoffe, denn ein gesundes, kräftiges Wachstum gibt es nur mit ausgewogener Düngung. Dauerdünger wie Hornspäne und/oder mineralische Langzeitdünger sind zuverlässige Nährstofflieferanten.

So viel wie nötig, so wenig wie möglich: Mit Maß und Ziel düngen gilt für mineralische Dünger (Kunstdünger) ebenso wie für organische (biologische) Dünger. Typische Zeichen für einen Nährstoffmangel sind gelbe Blätter – hier fehlt der Hauptnährstoff: Stickstoff, auf der Düngerpackung mit „N" angegeben.

Weniger, dafür häufiger: Das ist eine sichere Ausgangsbasis für annähernd alle

Düngergaben. Gerade bei mineralischen Flüssigdüngern kommt es bei überdosierter Anwendung zu schwerwiegenden Folgen im Wachstum. Biodünger – Hornspäne, Hornmehl, Pellets aus Schweineborsten, Zuckerrübenvinasse, Malzdünger etc. – wirken hingegen nur dann optimal, wenn das Bodenleben aktiv ist. Daher immer Kompost in solche Erden einmischen, er sorgt für „Belebung". In „toter" Erde wirken diese Dünger nicht.

Düngetipp

Kurios klingt der Tipp einer Bäuerin: Ein Stück Knochen ohne Fleischreste, den man beim Umsetzen von Zimmerpflanzen auf das Abzugsloch des Tontopfes legt, wirkt monatelang als Dünger. Es wurde zusätzlich nur ab und zu Flüssigdünger verabreicht und die Pflanze wuchs hervorragend.

Vor dem Kauf unbedingt überlegen: Gibt es das passende Winterquartier?

Nachgefragt

Wie funktionieren Langzeitdünger?

Langzeitdünger – auf Kunstdüngerbasis – sind „ummantelte" Dünger und für Balkonblumen ideal: Sie geben je nach Temperatur und Feuchtigkeit Nährstoffe ab. Auf die richtige Dosierung achten, sonst kommt es beim ersten heißen Sommertag zu Verbrennungen.

Ab wann soll man nicht mehr düngen?

Nur in der Hauptwachstumszeit wird gedüngt. Nach dem 15. August nicht mehr düngen bzw. nur noch „Herbstdünger" anwenden. Sie enthalten mehr Kalium („K"), das zum Ausreifen der Triebe führt und die Frostfestigkeit stärkt.

Im beengten Erdvolumen von Balkonkistchen und Töpfen ist die Nahrungszufuhr besonders wichtig.

Kübelpflanzen überwintern

Damit der Duft von Jasmin und Salbei auch hierzulande den Sommer einzigartig macht, müssen diese empfindlichen Mittelmeerpflanzen ab dem Spätherbst geschützt werden. Ob Oleander oder Palmen, ob Zitronen oder Lorbeer, irgendwann kommt die Stunde des Einwinterns.

Generell ist ein heller kühler Raum als Winterquartier zu empfehlen, etwa ein frostfreies Gewächshaus oder ein ungeheizter Wintergarten. Oleander, Lorbeer und die meisten Palmen überstehen den Winter auch in einem weniger hellen und sehr kühlen Raum bei etwa 1–2 °C.

Fuchsien draußen überwintern

Entlaubte Fuchsien kann man stark zurückschneiden, aus den Töpfen geben und in einem Frühbeet unter einer dicken Schicht aus Laub, Erde und vor Nässe geschützt überwintern. Im April werden sie dann neu gepflanzt.

Nur wenn es aus Platzgründen unbedingt sein muss, sollten Kübelpflanzen vor dem Überwintern zurückgeschnitten werden, denn die Schnittstellen sind eine „offene Tür" für viele Pilzerreger. Wenn zurückgeschnitten wird, dann auf gute Durchlüftung achten.

Bäume und Sträucher, die in Töpfen auf der Terrasse oder dem Balkon stehen, muss man nicht nur vor Frost, sondern auch vor dem Austrocknen schützen. Vor allem wintergrüne Pflanzen brauchen Wasser und den Schutz vor der Wintersonne mittels Strohmatten und Vlies. Die meisten Pflanzen erfrieren zu dieser Jahreszeit nicht, sondern gehen an Wassermangel zugrunde. Stellen Sie die Töpfe auf Hölzer, damit sie nicht anfrieren.

Schützen Sie winterharte Kübelpflanzen mit Strohmatten und Vlies vor starker Sonneneinstrahlung.

Nachgefragt

Wie eng kann man die Pflanzen im Winterquartier aufstellen?

Sehr eng. Die Kübelpflanzen sind von November bis Februar in einer Art Ruhezustand. Selbst zusammengebundene Oleander überleben problemlos.

Wie oft muss ich im Winterquartier gießen?

Generell ist ein Gießrhythmus von zwei bis drei Wochen ideal. Aber: Machen Sie die Daumenprobe im Erdreich und entscheiden Sie dann, ob gegossen werden muss oder nicht. Gerade bei den Zitruspflanzen sollten Sie aufpassen: Wird zu viel gegossen, dann lässt die Pflanze die grünen Blätter fallen, weil die (faulenden) Wurzeln kein Wasser aufnehmen können.

Müssen die Pflanzen während der Überwinterung gedüngt werden?

Generell: nein. Wenn kaum Licht vorhanden ist, dann kann eine Pflanze auch keine Nährstoffe aufnehmen. Steht ein Orangen- oder Zitronenbaum aber aus Platzgründen in einem hellen und wärmeren Wintergarten, dann sollten Sie ihn alle zwei bis drei Wochen düngen.

Was tun gegen Schädlinge und Krankheiten?

Besonders in den ersten Wochen nach dem Einräumen muss man auf Schädlinge achten. Schild- und Wollläuse bekämpft man mit ölhaltigen Präparaten, Blattläuse mit Schmierseife (1 EL auf 1 l Wasser). Grauschimmel kann in einem feuchten, kühlen, schlecht belüfteten Raum zu einer großen Gefahr werden. Befallene Triebe sollten umgehend abgeschnitten werden.

Wann soll man umtopfen?

Nie vor dem Winter, denn Wurzeln, die beim Umpflanzen verletzt wurden, stellen eine große Gefahr für die Pflanze dar. Am besten kurz vor dem Start ins neue Gartenjahr, wenn das Wachstum bereits wieder begonnen hat.

Erste Hilfe im Garten!

Hier gibt's Infos, Pflanzen und Saatgut!

Meine Homepage

- www.biogaertner.at
  Seit vielen Jahren im Netz und gut besucht – pro Jahr kommen mehr als 300 000 Besucher! Einen Rundgang durch den Garten finden Sie hier ebenso wie aktuelle Tipps und einen Frage-Briefkasten – wobei ich aber um ein wenig Geduld bei der Antwort bitte, denn manchmal sind es einige Hundert Fragen pro Monat!

Garten im Fernsehen

- ORF-Gartensendung „Natur im Garten" –
  in der Gartensaison immer Sonntag nachmittags, ORF 2.
  www.naturimgarten.at

Meine ganz persönlichen Bezugsquellen

- Staudengärtnerei und Baumschule Praskac
  www.praskac.at
  Eine der bestsortierten Gärtnereien Österreichs: ob Bäume, Sträucher oder Stauden – hier findet man alles.

- Staudengärtnerei Dieter Gaissmayer
  www.gaissmayer.de
  Hier wird der Staudeneinkauf zum Erlebnis. Nehmen Sie sich Zeit, wenn Sie dorthin fahren. Besonders empfehlenswert ist die Veranstaltung „Illertisser Gartenlust".

- Staudengärtnerei Feldweber
  www.feldweber.com
  Der Rundgang wird zu einem botanischen Spaziergang. Am besten mit „Sarastro" verbinden (ganz in der Nähe).

- Stauden Sarastro
  www.sarastro-stauden.com
  Wer einmal erlebt hat, mit welcher Freude Christian Kreß dem Gärtnern frönt, der wird immer wieder hierherkommen. Unbedingt mit einem Besuch bei „Feldweber" verbinden (ganz in der Nähe).

- Rosenhof Schultheis
  www.rosenhof-schultheis.de
  Hier erhält man alles, was das Rosenherz begehrt! Dazu ein Firmenchef, der an Liebenswürdigkeit kaum zu übertreffen ist.

- Raritätengärtnerei Treml
  www.pflanzentreml.de
  Salbei oder Rosmarin, afrikanische Kräuter oder Jasmin – ein riesiges Sortiment!

- Staudengärtnerei Alpine Raritäten Jürgen Peters
  www.alpine-peters.de
  Ob ein Leberblümchen für einige Tausend Euro (!) oder Veilchen ... auch hier gilt: Vorbeischauen ist ein Muss!

- Für Zitrus-Liebhaber
  www.zitrusgarten.com
  Michael Ceron betreibt in Faak am See in Kärnten die einzige Bio-Zitrusgärtnerei Europas und bietet eine unglaublich große Auswahl an.

- Duftpelargonien Stegmeier
  www.gaertnerei-stegmeier.de
  Wenn schon, denn schon – Duftpelargonien üben eine ungeheure Faszination aus. Kaum vorstellbar für einen Sammler, dass diese Gärtnerei gleich einige Tausend davon kultiviert.

- Für Liebhaber britischer Pflanzenkultur
  www.ashwood-nurseries.co.uk
  Die großartigste Gärtnerei, die es gibt – Treffpunkt der Pflanzenliebhaber.

- Für Zyklamen-Fans
  www.tilebarn-cyclamen.co.uk
  Noch eine Gärtnerei der Superlative – aber nur für Zyklamenliebhaber.

- Für Blumenwiesenfreunde
  www.wildblumensaatgut.at
  Die sicherlich beste Adresse, um das passende Saatgut für eine Blumenwiese (egal ob für sonnige, schattige, feuchte oder trockene Standorte) zu bekommen.

Erste Hilfe beim Pflanzenschutz

- www.biohelp.at
  Nicht nur eine ideale Seite zum Bestimmen der Schädlinge, sondern auch gleich die Möglichkeit, Nützlinge zu bestellen.

- www.neudorff.de
  Einer der ersten Pflanzenschutzmittelhersteller, der schon vor Jahren auf „bio" setzte. Neben sanften Spritzmitteln auch Nützlingsversand – allerdings nur über den Fachhandel.

- www.oscorna.de
  Biologische Düngemittel sind in dieser Firma seit mehr als 70 Jahren das Hauptgeschäft – „animalin" ist noch immer der problemloseste Naturdünger, den es gibt.

- www.florissa.at
  Ein Newcomer unter den Dünge- und Pflanzenschutzherstellern – viele und biologische Dünger und Erden.

- www.scotts.at
  Nicht alles auf dieser Seite ist „bio", aber immer mehr setzen Scotts und Celaflor auf naturgemäßes Garteln. Viele Bilder von Schädlingen.

Zeitschriften

- Gartenhaus
  www.garten-haus.at
  Die bekannteste österreichische Gartenillustrierte.

- Gartenpraxis
  www.gartenpraxis.de
  Die beste deutschsprachige Gartenzeitung.

- Biogartenzeitschrift
  „kraut & rüben"
  www.krautundrueben.de
  Die bekannteste Biogartenzeitschrift.

- Gartenzeitschrift „Flora"
  www.flora.de
  Magazin mit vielen praktischen Tipps.

- Gartenzeitschrift
  „Mein schöner Garten"
  www.mein-schoener-garten.de
  Die größte Gartenzeitung.

- Grüner Anzeiger
  www.grueneranzeiger.de
  Eine Zeitung für echte Freaks: Kleinanzeigen von und für Pflanzenliebhaber.

- Natürlich Gärtnern
  www.olv-verlag.de
  Viele Hintergrundberichte zum Thema biologisch Gärtnern.

- Gardens illustrated
  www.gardensillustrated.com
  Für alle, die englische Gartenkunst er„lesen" wollen.

- The English Garden
  www.theenglishgarden.co.uk
  Noch eine Pflichtlektüre für alle Fans der britischen Gartenkultur.

Willkommen im größten Surf-Garten

Die umfangreichste und beste Linksammlung zum Thema Garten: Hier sind unzählige Hinweise zu Literatur und Pflanzen zu finden.
www.gartenlinksammlung.de

Alle Tipps wurden vom Autor nach bestem Wissen geprüft und erst nach vorheriger Erprobung in das Buch aufgenommen. Dennoch können weder vom Autor noch vom Verlag eine Haftung in welcher Form auch immer übernommen werden. Sollten Sie weiterführende Hinweise haben, dann schreiben Sie bitte an den Autor: karl.ploberger@biogaertner.at.

Bildquellen

www.Istockphoto.com: Seite 2/3: Larry Merz, 20 oben: GMVozd, 20 unten: stockcam, 22: hsvrs, 23: proxyminder, 24: constant-gardener, 29 oben links: Gene Lee, 29 Mitte: Host Puschmann, 30/31: chris beddoe, 32: Chris Price, 37: Nicolas Loran, 39: Bruce Block, 43: audaxl, 44 oben und unten: Liza McCorkle, 50: Peter Eckhardt, 52/53: Monia, 33, 54: Alexandru Magurean, 55: Chiya Li, 56: Yuri Vainshtein, 57: Margarita Borodina, 58: Olga Lyubkina, 59: David Gomer, 61: lillisphotography, 62 oben rechts: Sandra Masselter, 63: laughingmango, 64: Alkimson, 66/67: Ulrike Neumann, 90/91: onepony, 92: Peter Mukherjee, 93: Marcelo Piotti, 94 oben: Anne Yungwirth, 95: stocknshares, 96: onepony, 98: Claes Torstensson, 101: BasieB, 102/103: onepony, 105: zorani, 106: BasieB, 107: Li juan Guo, 108: zorani, 109 oben: Mamie Etherington, unten: brytta, 111: cjmckendry, 112: lubilub, 114: hsvrs, 115: M. Markiewicz, 117: Lya_Cattel, 120: Hsing, 121: Rey Rojo, 122 oben: Kurt Hahn, 122 unten: Willi Schmitz

www.fotolia.de: Seite 4/5: die_maya, 18/19: Kzenon, 21: Petra Louise, 27 oben: Marem, 27 unten: LianeM, 29 Mitte links: emer, 29 oben rechts: Maria Brzostowska, 29 unten rechts: Martina Berg, 33: ProculDublo, 34: Arne Pastoor, 35: Kai creativ, 36: Stefan Körber, 38 oben: Birgit Kutzera, 38 unten: Contrastwerkstatt, 40: Ingo Bartussek, 41: bluesky6867, 42: Papirazzi, 45: pgm, 46: kai-creativ, 47: pgm, 48: ataly, 60: FotoFrank, 62 oben links: Michael Klug, 68: Janni, 74: LianeM, 79: Lagom, 7, 81: Peggy Boegner, 83: Gerisch, 87: Otmar Smit, 88: Thomas Renz, 89 oben: pixeljaeger, 89 unten: womue, 97 oben: Hans Peter Moehlig, 97 unten: K.-U. Häßler, 99: Andre Bachmann, 100: Alterfalter, 113: wiw

Bildarchiv Laux: Seite 29 unten links und Mitte
Gerhard Wimmer: Coverfoto, Seite 1, 4, 13, 25, 49, 94 unten
IZB: Seite 6, Seite 104
Österreich Werbung/Rita Newman: Seite 8/9
Siegfried Schmid: Seite 29 oben Mitte
www.verlagsbuero-garten.at: Seite 116

Illustrationen: Monika Biermaier

Impressum

avBUCH im Cadmos Verlag
Copyright © 2011 by Cadmos Verlag, Schwarzenbek
3. Auflage 2013
Gestaltung und Satz: Ravenstein + Partner, Verden
Redaktion: Veronika Schubert & Elke Papouschek, Wien, www.verlagsbuero-garten.at

Druck: Westermann Druck, Zwickau

Deutsche Nationalbibliothek – CIP-Einheitsaufnahme
Die Deutsche Nationalbibliothek verzeichnet diese Publikation in der Deutschen Nationalbibliografie; detaillierte bibliografische Daten sind im Internet über http://dnb.ddb.de abrufbar.

Printed in Germany

ISBN: 978-3-8404-7501-6